数字经济与高质量发展丛书

企业家集聚与中国区域创新研究

高廷帆 ◎ 著

首都经济贸易大学出版社
Capital University of Economics and Business Press
·北京·

图书在版编目（CIP）数据

企业家集聚与中国区域创新研究 / 高廷帆著.
北京：首都经济贸易大学出版社，2024.10. -- ISBN 978-7-5638-3760-1

Ⅰ.F127；F279.23

中国国家版本馆CIP数据核字第2024YX7397号

企业家集聚与中国区域创新研究
QIYEJIA JIJU YU ZHONGGUO QUYU CHUANGXIN YANJIU
高廷帆　著

责任编辑	晓　地
封面设计	砚祥志远·激光照排　TEL:010-65976003
出版发行	首都经济贸易大学出版社
地　　址	北京市朝阳区红庙（邮编100026）
电　　话	（010）65976483　65065761　65071505（传真）
网　　址	http://www.sjmcb.com
E-mail	publish@cueb.edu.cn
经　　销	全国新华书店
照　　排	北京砚祥志远激光照排技术有限公司
印　　刷	北京九州迅驰传媒文化有限公司
成品尺寸	170毫米×240毫米　1/16
字　　数	197千字
印　　张	13.25
版　　次	2024年10月第1版　2024年10月第1次印刷
书　　号	ISBN 978-7-5638-3760-1
定　　价	57.00元

图书印装若有质量问题，本社负责调换

版权所有　侵权必究

前　言

过去 20 余年经济地理研究达成的一个共识是，创新具有很强的区域属性。以往的经济研究中，企业一直被视作创新的微观主体。集聚理论以企业为切入点，通过外部性理论解释了产业集聚对区域创新的影响。然而，在实际的经济管理过程中，企业事实上是"企业家"的企业：企业家一方面是企业的最高管理者，拥有对公司的经营决策权，同时也是企业的所有者。企业家的决策和行为对于创新产出、文化塑造等方面有着重要的影响。笔者通过对相关研究的整理发现：已有研究对产业中企业的集聚关注较多，但对企业家集聚的关注有限；在对区域内企业家的测度过程中，私营企业数量、中小企业数量等指标主要反映的是组织意义上的企业家，对个体意义上企业家的研究是一个可突破的方向；在聚焦于创新的问题上，对企业家在组织语境下的创新行为和结果的研究较多，但忽略了企业家集聚对其所在区域创新的影响，对企业家集聚空间溢出效应的研究也比较有限。因此，相较于以往以企业作为集聚的研究对象，在聚焦于区域创新的具体问题研究中，企业家集聚是一个兼具现实意义和理论创新的研究视角。

本书立足我国创新活动区域发展不平衡与企业家要素区域性集聚的现实，在空间视角下探讨企业家集聚对区域创新的影响。围绕这个问题，首先对企业家集聚的概念进行了定义。企业家群体是产业集群成长的"初级行动团体"。企业家集聚一方面揭示了企业家作为经济要素本身的地域属性；另一方面体现了开始进一步思考产业集聚背后"人"的作用与价值。

数据和测度方法创新是本书的一大亮点。本书从企业家的理论意义出发，将企业家的测度分为两个步骤。首先，基于企业家理论定义中集聚和配置资源、实现创新两条标准，从所有企业中筛选出企业家的企业。其次，研究在企业家的企业内部，按照创造组织和承担风险两个标准，将企业家与其他一般意义上的管理人员区分开来。基于以互联网大数据和自然语言处理技术为基础的商业数据库，找到了近 22 万家符合企业家定义的企业数据。在此基础上，通过文本分析的方法，清洗出企业家的企业组织内部 108 万条企业家的相关数据。借助地理信息系统 ArcGIS，通过调用百度地图 API 等手段，对我国企业家集聚的事实特征进行了分析。基于 2012—2017 年的中国样本数据，研究显示，我国企业家分布不均的现象严重，企业家集聚特征明显，且与城市群的发展具有一定程度的吻合。样本时间段内，我国企业家的分布还体现了一定的空间黏性，没有出现明显的企业家空间迁移现象。除此之外，本书通过对我国企业家和私营企业分布的对比发现，我国中部、东北部地区尽管存在较多的企业组织，但是企业家要素有限。我国企业家主要集中在东部沿海及中部少数城市。这个对比进一步说明了企业家集聚概念存在的必要性，以及基于企业家集聚进行相关研究具有重要意义。

基于企业家理论、产业集聚理论及知识溢出理论，以企业家集聚为核心，对区域创新的不均衡进行了理论框架的探索。理论上，将企业家集聚对区域创新的影响分为直接影响和间接影响。其中，企业家集聚对区域创新的直接影响是指企业家群体自身作为知识溢出渠道，直接影响其所在区域的创新产出。按照企业家的意愿，将企业家对区域创新的间接影响进一步分为主动溢出与非主动溢出。考虑到文化、亲缘关系及社会关系网络等非市场因素，企业家集聚对区域创新影响的主动溢出应该既包括生产过程中的分享与协作，也包括基于企业家个人意愿的、非市场化的创新分享和"帮带"行为。非主动溢出是指企业家集聚带来的学习效应和竞争效应。基于创新生产函数，本书认为，风险投资与人才都是企业家集聚促进区域创新的重要机制。从理论上看，大企业的企业家集聚与小企业的企业家集聚，以及不同行业背景的企业家集聚对所在区域创新的影响程度也有所不同。

本书的实证部分首先验证了我国企业家集聚对所在区域创新具有正向的显著影响。企业家集聚水平每提升1个单位，以专利衡量的区域创新产出提升5%。在基于我国不同地理区位的异质性讨论中，研究发现，城市内企业家集聚对于创新的影响仅在东部和中部地区发挥作用，西部地区企业家集聚对于所在区域创新的影响并不显著。研究验证了风险投资和人才是企业家集聚对所在区域创新产生影响的重要机制。对照实验显示，风险投资活跃度较高的城市，企业家集聚水平对区域创新的回归系数是风险投资活跃度较低城市的6倍以上；人才较多的城市，企业家集聚对区域整体创新的影响系数比人才较少的城市高出32%。研究发现，不同类型的企业家集聚对其创新影响存在调节作用。一方面，当企业家掌握适中的资源时，企业家集聚对区域创新的正向影响系数最大；当企业的注册资本超过1 000万元人民币时，企业家的集聚对区域创新影响的回归系数最小。另一方面，不同行业的企业家集聚对所在城市的创新影响不同。制造业，批发和零售业，交通运输、仓储和邮政业，信息传输、软件和信息技术服务业，金融业，租赁和商业服装业，教育、文化、体育和娱乐业等八大行业的企业家集聚水平每提高1个单位，所在区域的创新水平将提高4%~10%。

实证研究的最后对企业家集聚的空间溢出效应进行了充分的挖掘，一方面，证实了企业家集聚对区域创新影响的正向显著的空间溢出效应；另一方面，研究考虑了在我国不同地理区域内，企业家集聚空间溢出效应的差距。城市 i 企业家的集聚对于邻接城市 j 的正向溢出效应仅限于东部地区，其显著性远高于全国平均水平，是整体平均水平的 5 倍以上。南方地区企业家集聚对接邻城市的影响系数较北方地区高出 42%。从城市群的视角看，长三角城市群内各城市间企业家集聚，对城市群内其他关联区域创新的空间溢出效应最强，珠三角和京津冀地区次之。在这些区域内，企业家集聚水平每提升 1 个单位，区域内相关联的地级市的创新水平能够提升 17%~27%，反映了在成熟城市群内，城市之间已经形成紧密的经济关联与协同效应。

21 世纪，中国正处于从"物的产业"向"人的产业"的转型期。研究的基本哲学出发点在于，人民群众创造历史，历史是人民群众共同意志的结果。通过应用大数据和地理信息系统，将集聚经济的研究推向了企业家个体层面，在中国情景下验证了企业家的集聚理论对区域创新的影响。实施创新驱动发展战略，涉及各方面，是一项系统工程，而区域内企业家的集聚正是这个浩瀚工程的重要抓手。本书提出了五方面的政策建议：①将企业家和企业家集聚作为制定创新政策的出发点；②关注区域内企业家供给，通过改善营商环境，进一步提升区域内企业家集聚水平，促进区域创新水平的提高；③构建有效的投融资市场与人才对接机制，促进企业家集聚对创新影响的进一步发挥；④准确把握和科学引导不同类型企业家的集聚，更有效地发挥企业家集聚对区域创新的影响；⑤通过企业家集聚促进城市群内创新的空间溢出效应。

目录 CONTENTS

1 绪论 ·· 1
   1.1 研究背景 ·· 1
   1.2 研究对象界定 ·· 5
   1.3 研究问题阐述 ·· 11
   1.4 研究思路与章节安排 ··· 13
   1.5 研究方法 ·· 16
   1.6 研究意义 ·· 17
   1.7 研究创新 ·· 19

2 研究回顾 ·· 22
   2.1 区域创新研究回顾 ··· 23
   2.2 集聚理论与区域创新 ··· 29
   2.3 知识溢出理论与区域创新 ··· 34
   2.4 本章小结 ·· 39

3 企业家集聚的定义与测度 ··· 42
   3.1 企业家集聚的定义与内涵 ··· 43
   3.2 企业家集聚的测度 ··· 53
   3.3 本章小结 ·· 62

4 我国企业家集聚的特征事实分析 ····································· 65
   4.1 数据来源与说明 ·· 65

4.2　我国企业家集聚的事实 ……………………………………… 71
　4.3　我国企业家集聚的测度 ……………………………………… 76
　4.4　本章小结 ……………………………………………………… 79

5　**企业家集聚对区域创新影响的理论框架** ……………………… 80
　5.1　企业家集聚对区域创新的直接影响 ………………………… 80
　5.2　企业家集聚对区域创新的间接影响 ………………………… 83
　5.3　企业家集聚对区域创新影响的作用机制 …………………… 85
　5.4　异质性企业家集聚对区域创新的影响 ……………………… 88
　5.5　空间视角审视企业家集聚对区域创新的影响 ……………… 91
　5.6　本章小结 ……………………………………………………… 93

6　**区域内企业家集聚对创新影响的实证分析** …………………… 96
　6.1　研究设计 ……………………………………………………… 96
　6.2　企业家集聚与区域创新的空间相关性分析 ………………… 105
　6.3　区域内企业家集聚对创新影响的空间计量分析 …………… 106
　6.4　本章小结 ……………………………………………………… 116

7　**区域内企业家集聚对创新影响的机制检验** …………………… 119
　7.1　区域内企业家集聚与区域创新——风险投资 ……………… 119
　7.2　区域内企业集聚、人才与区域创新 ………………………… 125
　7.3　企业家异质性对区域创新影响的讨论 ……………………… 129
　7.4　本章小结 ……………………………………………………… 136

8　**企业家集聚对区域创新影响的空间溢出效应实证分析** ……… 138
　8.1　企业家集聚对区域创新影响的空间溢出效应分析 ………… 138
　8.2　基于不同城市群的讨论 ……………………………………… 147
　8.3　本章小结 ……………………………………………………… 157

9 研究结论与政策建议 ································· **159**
    9.1 研究结论 ····································· 159
    9.2 政策建议 ····································· 168

参考文献 ··· 176

1　绪论

1.1　研究背景

发展创新驱动型经济是党的十九大提出的重大国家战略，既是我国未来经济发展的重要目标，也是当前促进我国经济可持续发展的动力所在。伴随着我国经济整体发展步入"新常态"、供给侧结构性改革的不断深化，创新成为提高我国产业竞争力、促进经济高质量发展的有效战略之一。党的十九大以来，我国大力实施创新驱动战略，创新型国家建设硕果累累，加快了中国制造走向中高端升级的脚步。

当前，我国各区域的创新水平存在巨大差异。以我国发明、外观设计及实用新型专利三种专利的申请数量为例，据《2018年中国科技统计年鉴》显示，长三角地区（上海市、江苏省及浙江省）全年三种专利申请数共计1 023 257件，占全国总数的28.9%，专利授权量占全国总数的30%以上。而同时期内，我国东北地区（吉林省、黑龙江省、辽宁省）全年专利申请数仅为101 279件，仅占全国总数的2.9%，不及同时期长三角地区专利申请数的10%。除此之外，在同一区域内部的不同城市间，也存在着创新空间分布不均的事实。以广东省为例，2018年广东省全年三种专利申请总数为627 834件，占全国当年申请总数的17.8%；其中，深圳市专利申请数为228 608件，占广东省全省三种专利申请数的40%左右；而以我国粤北地区为代表的一些区域，大多以技术含量和附加值低的产业为主，区域创新发展水平滞后。

对于区域创新的不均衡，不同学派有诸多不同的解释。新古典经济学家认为，知识水平的高低决定了区域的创新产出；而不同于其他的生产要素，知识的非排他性和非竞争性①，使其成为实现边际收益递增的原因所在，进而导致区域创新水平的不均衡（Lucas，1988；Romer，1990）。从某种角度看，创新活动的区域性集聚是创新活动的"区位选择"问题。基于产业集聚理论的基本逻辑，学者们尝试用马歇尔外部性（Marshall，1920）和雅格布斯外部性（Jacobs，1969）解释不同区域产业结构导致的知识溢出的巨大差异（Capello，2002；Ellerman，2005），进而解释不同区域创新水平的差距。"产业/企业—集聚—创新"成为集聚理论解释区域创新差异的一条基本脉络。

无论新古典学派还是新经济地理理论，一个基本的出发点是，企业是创新活动的微观主体。而从现代企业契约理论出发，"企业是企业家的企业"（张维迎，1995）。企业家因为拥有稀缺的异质性人力资本而成为现代企业的"中心签约人"。企业家理论进一步阐释了企业家具备打破现有市场均衡的才能，能够整合资源并促进其所在组织内的创新，是推动经济和社会发展的重要动力所在（Schumpeter，1934；Drucker，1985）。在实际的经济管理活动中，"企业"在事实上更是"企业家"的企业：企业家的决策和行为对于创新产出、文化塑造等方面有着重要的影响。在我国的民营企业中，许多企业家一方面是企业的最高管理者，拥有对公司的经营决策权，同时也是企业的所有者。无论是科学技术成果还是研究专利，要实现最终市场化的创新产出，实现从"产品到商品的一跃"，企业家发挥着重要作用。

现有"产业/企业—集聚—创新"的研究脉络与企业家在企业发展过程中发挥的重要作用的现实之间似乎存在着某种"间隙"：企业的集聚是否可以等同于企业家的集聚？

---

① 知识的非排他性是指知识能够被检索，知识的非竞争性指的是知识能够同时被不同的群体使用。新古典经济学家认为，知识的两大特性使其边际收益递增的性质得以实现，进而解释了区域创新不收敛的事实。

管理学大师德鲁克（Drucker，2007）在《创新与企业家精神》中提出了一个问题："夫妇俩在美国的某郊区开了一家熟食店或一家墨西哥餐馆，他们当然冒了一点风险。但是，他们是企业家吗？"事实上，他们的确建立了"新的组织"，但他们并没有创造出"新的满意点"，也没有"增加新的消费要求"，因此相较于麦当劳创造了标准化产品和生产流程的组织而言，德鲁克认为，熟食店的经营者或墨西哥餐馆的老板，都算不上是"企业家"。从这个角度出发，并非所有的"企业"组织都能够被称为"企业家的企业"，如图 1-1 所示。

图 1-1　企业家的企业与所有企业的关系

从已掌握的文献看，当前国内外在区域经济和产业集聚研究中，对"企业家"和"企业家精神"常见的测度方式包括：区域内私营企业数量（张亮亮，2010；张小蒂，2012）、中小规模企业数量（Glaeser et al.，1992）、区域内自雇比率（Gennaioli et al.，2012）等。但正如上文所指出的，这种组织意义上对企业家的测度方式，模糊了企业家理论中"企业家"的真正内涵，因此也无法真正反映不同区域内企业家要素的分布现状。以我国为例，我国东北地区以及中西部地区，市场主体数量庞大、企业数量多，但企业家要素却并不丰富。这种测度方法带来的另一个问题是，在聚焦于"企业家与创新"研究主题下的相关研究时，对企业家在区域创新提升中的重要作用或许有所偏误。尽管目前已经存在诸多在个体组织情境下企业家本身的异质性和行为对所在组织内创新产出的影响，但在区域和空间的视角下，从集聚理论出发，研究企业家集聚对其所在区域创新的影响还比较有限，对企业家集聚空间溢出效应的研究更是少之又少。

从现实看，在我国历史上，随着商业文明的发展，在东部沿海地区逐渐形成了基于地缘关系、血缘关系或是亲缘关系的，具有区域特色的商业群体。这些商业群体本身可以视作在特定区域内企业家的集聚。包括苏商、闽商、晋商、徽商等商帮在内的中国十大商帮，对中国整体的商业文明发展和其所在区域经济的发展起到了非常重要的作用。改革开放以来，在我国社会主义市场经济体制建立的过程中，我国先后出现了以"农民、城市无业者为代表的'草根'式创业潮"，80年代以来"以体制内政治精英、科技精英下海经商办企业的精英创业潮"，以及近20年来，随着全球信息技术革命而涌现的"大众创业热潮"（李小平和李小克，2017）。这些企业家在地域分布上同样存在一定程度的"集聚"现象。

已有的研究对产业中企业的集聚关注较多，但对企业家集聚的关注有限；对组织意义上的企业家研究较多，而缺乏对个体意义上企业家的研究；对企业家在组织语境下的创新行为和结果的研究，又忽略了企业家对其所在区域创新的影响，而对企业家集聚空间溢出效应的研究更是少之又少。考虑到企业家在创新过程中发挥的重要作用，以及在区域层面对企业家理论意义上的企业家的测度和研究有限，在对区域创新具体问题的研究中，企业家的集聚是一个既具有现实意义又具有理论创新性的研究视角。我国不同区域的企业家与创新发展水平都呈现了"不均衡"的现象，促使我们思考：这两种"不均衡"之间是否匹配？

结合目前已有的研究，我们将研究的问题进一步表述为：不同区域的企业家集聚对区域创新存在怎样的影响？

以"企业家集聚"作为出发点，以其对区域创新的影响作为最终落脚点，围绕"企业家集聚如何影响区域创新"的核心问题，本书从五个方面展开研究：①如何定义和测度企业家集聚？②当前我国企业家集聚的现状如何？③企业家集聚对区域创新的影响有哪些？④企业家集聚对区域创新的影响是通过哪些机制实现的？⑤针对企业家集聚对区域创新的影响，在我国当前"创新驱动"与"区域协调发展"的两大战略指引下，我们应该制定怎样的创新和经济发展政策？

企业家在我国改革开放40多年的创新发展中扮演着重要角色。自1978年中国改革开放以来，我国民营经济经历了"由小到大、由弱到强"的发展过程。然而，随着我国经济发展阶段的演进，市场改革的红利不断释放（张维迎，2015），放眼全球，那些在以往的发展过程中已经被验证的，通过投入资本、劳动力和自然资源驱动经济增长的模式，已经不能适应当前的经济形式（Kotkin，2010）。中国经济的发展处于从"物的产业"向"人的产业"的转型期（白少君等，2014）。在新的发展阶段，市场呼唤创新型人才。因此，经济建设要进一步跳出新古典经济学的框架，脱离重视资源的投入、重视产业的规划，而忽视过程中企业家培养的惯性。

围绕企业家的区域创新研究在当前具有重大的战略意义和政策价值。党的十九大明确强调要坚持走中国特色的自主创新道路，实施创新驱动的发展战略。在此基础上，《国家创新驱动发展战略纲要》提出从空间上优化区域创新的资源分布。只有不断理解企业家集聚及其对区域创新的作用机制，才能在当前更好地服务于经济建设的现实，促进我国区域创新水平的整体提升。

1.2 研究对象界定

1.2.1 企业家

企业家作为研究对象，进入学者的视野已有超过200年的历史。在对"企业家集聚"进行界定之前，我们必须首先明确什么样的人能够被称为"企业家"。

"企业家"是相对于"企业"而存在的，企业为企业家发挥其才能提供了组织环境，企业家是在企业经营和发展过程中成长起来的。因此，从某种角度看，企业从无到有、不断发展壮大的生产经营过程，实际上也是一个培养企业家的过程（白少君等，2014）。因此，并非所有的企业都能成功地孕育和培养出企业家。正如德鲁克（Drucker，2007）指出的，"在美国的某郊区开了一家熟食店或一家墨西哥餐馆"的夫妇并不能够被称为企业家。从这个角度看，通过区域内私营企业数量、自雇数量或中小规模企业的数量，代表和衡量区域内企业家的发展水平的测度方法有进一步优化和提升的空间。

　　不同学者对企业家的定义方式主要是通过对企业家某一方面角色进行挖掘的。获得较多认可和接受的定义来自熊彼特（Schumpeter，1934）的研究，即企业家是"实现新的组合"等创新者的角色。这种创新不仅是"新产品、新服务、新材料、新方法、新市场"，还包括"新的组织形式"。这个定义不仅系统地强调了企业家创新者的角色，更抓住了企业家用新的方式组合稀缺资源的核心，定义无疑对企业家本身有了更高的要求。反观我国的渐进式改革开放，我国在改革过程中经历过四次创业潮（吴晓波，2007；张维迎，2015）。在早期市场不均衡的情况下，企业家的主要行为是市场套利，这不是熊彼特意义上善于发现和利用新的科技知识的企业家。对于这个现象，学者谢恩和维卡塔拉曼（Shane and Venkataraman，2000）提出了一个更加综合的定义和理解企业家的框架。他们认为，熊彼特对企业家的定义中更加强调企业家角色中创新的部分；与此同时，还应该从"发现机会"，从而进行"市场套利"的角度认识和定义企业家。谢恩和维卡塔拉曼对企业家定义和分析的框架是对熊彼特和奥地利学派观点的综合（曾铖和李元旭，2017）。

　　除此之外，我们还要在一个企业内部区分出企业家与管理者。盖特纳（Gartner，1985）直接指出，企业家能够创造组织，而一般管理者则不创造组织。因此，企业家应该包括企业的创始人。那么，随之而来的问题是，在企业日渐成熟后，相较于一般的管理人员，企业的职业经理人或其他高级管理者是否能够称得上是"企业家"？基于学者们对企业家的研究和定义，从中国的实践经验出发，本书认为，企业家应该是创造了新的组织，能够集聚和配置资源，承担风险并且实现了某些创新的那部分人。一方面，在组织的创始人中，只有真正集聚并配置资源、承担风险的那部分人才能被称为企业家，确保将企业家的企业与一般意义上的组织区别开来；另一方面，也将经营过程中出现的企业的高级管理者纳入企业家的范围中。

1.2.2 企业家集聚

企业家集聚的概念是由奥德兹（Audretsch，2006）在企业家的知识溢出理论（the knowledge spillover theory of entrepreneur）中首次提出的。观察到企业家活动总是集中分布在新知识诞生的区域，如大公司的研发中心和高校的研发中心附近，奥德兹提出了"企业家集聚"（the cluster of entrepreneurs）的概念，并将其作为知识溢出的重要渠道，由此解释了企业家对区域创新活动的作用。2010年，哈佛大学经济学家格莱泽等（Glaeser et al.，2010）发表文章，基于迪克西特和斯蒂格利茨（Dixit and Stiglitz，1997）的理论，介绍了企业家活动的收益，并从这个视角解释了企业家集聚的空间分布不均现象。

在产业经济学中，"集聚"通常代表的是产业集聚。马歇尔最早将"集聚"定义为制造某种类型的产品或服务的一类企业在地理上的"靠近"，这一定义也被后来的许多学者所接受（Arthur，1990；Sorenson and Audia，2000）；包括波特（Porter，1990）在内的学者在后来的研究中，实际上也遵循了这样的思路，将"集聚"定义为某些相互关联的企业在地理上的接近。在新经济地理学、城市经济学或区域经济学中，"集聚"一直以来都是一个相对宽泛的概念，在不同的空间尺度上，不同的经济要素都可以形成某种集聚。某种要素的集聚一般意义上被理解为在特定地理空间单元上体现出来的集中现象（Duranton and Puga，2004；Duranton and William，2015）。空间或距离上的靠近是定义"集聚"的一个重要维度。无论是产业经济学、新经济地理学或是区域经济学，不同学派对不同研究对象"集聚"定义的核心在于研究对象在空间上的"相近性"。基于此，本书认为，企业家集聚是指企业家在特定空间尺度内的临近，表现了企业家活动无法脱离的区域属性。

企业家与企业的区别和联系是理解产业集聚与企业家集聚概念的一个重要角度。从另一个角度理解企业和企业家之间的关系，可以将"企业家"作为企业的产品，而利润是企业家才能在企业组织中的衍生。因此，并不是所有的企业都是"企业家的企业"。而在一般意义上，产业集聚是指那些生产相似的产品或生产上相互关联的企业的集聚。因此，企业家集聚是不同于产业集聚的概念。由于企业家要素的稀缺，若简单地从企业与企业家的数量关系看，企业家集聚是企业集聚的子集。

从产业集聚理论发展的趋势看，对企业家集聚问题的研究是产业集聚研究的前沿。现有的文献只对产业集聚机制的理论做了研究，并没有对形成集聚的企业来源进行区分，暗含性地假设了这些企业都来源于集聚区域之外。但现实的情况是，区域内的一部分初始企业中不断有人力资本型员工离职创业，在当地创立新的同类企业，逐步形成当地的特色产业集聚。可以说，企业家是产业集群成长的初级行动团体（王程和席酉民，2006）。从产业发展生命周期理论看，企业家挖掘新的商业机会的能力，是一个新的产业诞生和演化所需要的最重要能力。在产业集聚的形成过程中，企业家是一个非常重要的因素。若将企业的诞生作为产业集聚的基本要素，从企业家创业的角度理解，产业集聚事实上是一个企业家由于捕捉市场机会而不断涌现的过程（张小蒂和王永齐，2010）。柯兹纳（Kirzner，1973）认为，企业家区别于其他人的最重要特点在于能够敏锐地发现市场获利机会；谢恩和维卡塔拉曼（Shane and Venkataraman，2000）将企业家在开发商业机会方面的能力在定义中强调了出来；维卡塔拉曼（Venkataraman，2004）在其随后的研究中将企业家在不确定条件下"决定区位及资源使用"的角色，作为定义企业家的关键所在。从企业从无到有的创立过程看，企业家的"创业行为"是以企业家为核心的要素集聚过程（Timmons，1985；Gartner et al.，2004）。企业之间的产业关联是建立在企业家社会网络基础上的（Bazan and Schmitz，1997；Humphrey and Schmitz，1998）。产业集群的诸多特征，包括本地化的生产网络、融资渠道、企业之间，及企业和其他组织之间的合作构成的区域系统等，本质上都是企业家的链接

（Isaksen，1998）。企业家之间的互信关系，不仅是建立产业关联的基础，更能够有效地降低企业之间的交易成本（Gulati，1999）。因此，探索和研究产业集聚的另一个视角，是企业家的集聚。

企业家集聚概念的一个深层次含义在于，将企业家视作推动经济发展的重要因素。从经济增长理论的发展脉络看，企业家作为外生变量被纳入经济增长模型中，解释了原有的要素投入中无法解释的增长部分（即"索洛剩余"）。而外生增长模型的起源恰好源于熊彼特对企业家与创新的观察：许多创新过程在大企业中发生，最终成为经济增长的起点和源泉。外生增长理论的出现克服了传统的新古典经济增长理论的诸多问题（Wennekers and Thurik，1999；Porter，2000）。墨菲（Murphy，1991）较早地将企业家包括在人力资本中，说明不同地区人力资本的差异对区域经济差异的影响。阿斯莫格鲁（Acemoglu，1995）认为，只有对机会具有敏锐的洞察力并加以运用的企业家才能产生具有价值性的行为。目前，区域层面对企业家的研究主要集中在企业家的区域分布差异对经济的影响上，主要以经济增长作为研究的落脚点（Malecki，1993）。

近几年，研究逐步提出了区域企业家、区域企业家精神、区域企业家资本（Fritsch，2006；张亮亮，2010；张小蒂等，2012）的概念。同企业家集聚一样，区域企业家及相关概念的提出反映了企业家活动空间分布的不均衡。但在实际的测算过程中，目前区域企业家、区域企业家精神实际上是组织意义上的企业家，与企业家理论有所脱节，私营企业家数量等替代性指标并不能很好地代表区域企业家真实的情况。从这个角度出发，关于已有的企业家集聚测度的研究应当优化。

企业家集聚的概念反映了经济学研究的两方面发展。一方面是将企业家作为生产要素纳入经济研究的范围，受限于经济增长理论的发展，早期研究并没有将企业家作为某种生产要素纳入生产函数的框架中考虑；另一方面，是通过集聚经济、知识溢出理论等系统的经济学框架，与企业家活动空间不均的事实相联系，在这个视角下，更加深入地审视经济社会的发展。

1.2.3 区域创新

最早的对创新的研究和定义源于熊彼特（Schumpter，1939）。他认为，创新是一个通过对各种生产要素的重新组合得到新的产出，实现超额利润的过程。他的理论为之后不同学者从不同层面、不同角度以及不同范畴定义创新奠定了基础。狭义的创新主要指某个具体层面的创新，既包括了物质层面新技术的应用和设计、新产品的诞生（赵玉林和魏芳，2006），也包括思想层面对某种事物的新观点和新看法（Scherer，1986），甚至包括行动层面对未知事物的探索（Koberg，1996），从不同视角出发的定义范畴不同。熊彼特（Schumpter，1939）对创新（innovation）与发明（invention）进行了区别：创新不仅是对产品、服务及过程的创造与改进（发明），更是将其进行成功的市场导入。德鲁克认为（Drucker，1985），创新不仅是技术的创新。他从财富创造的角度定义和理解创新，认为能够改变当前财富创造方式的行为都属于创新。从这个角度看，创新既有生产力层面的意义，也包括了生产关系层面的变革。根据广为接受的经济合作发展组织（Organization for Economic Co-operation and Development，OECD，2005）的定义，创新不仅包括某种全新的或显著提升的产品或服务、流程，还包括在商业活动与组织内外部全新的组织方式。我国对于创新较早的研究和定义源于学者傅家骥（1996）。他认为，创新的基础是重新组织"生产条件和要素"，创新本身是一个"推出新的产品、新的工艺、开辟新市场、获得新材料来源或建立企业新的组织的过程"。基于这些研究，本书将创新不仅理解为单一层面的产品创新或技术创新，还包括企业生产流程与管理的改造，是一个面向市场的、综合的提升过程。

创新活动空间集聚和不均衡的思想由来已久。熊彼特（Schumpeter，1912）在其著作《经济发展理论》（*Theory of Economic Development*）中指出，创新具有在时空上成群出现的特征。创新活动所依赖的知识、人才、文化等要素是在短期内难以实现空间移动或进行简单复制的，因此，创新的空间分布具有明显的区域性集聚特征（Audretsch and Feldman，1996，

2004；Maskell，2001）。直到20世纪90年代初，英国学者库克等（Cooke et al.，1990）正式提出了"区域创新"的概念。这一概念的提出，使得区域创新成为一个正式、系统的研究对象。

尽管学者们对创新有着相对一致的定义和认知，但不同学者对区域创新有不同的认识。和集聚一样，区域本身也是一个在不同的研究情境和问题下被不断定义的对象。区域经济学家胡佛等（Hoover et al.，1971）认为，区域是基于描述、分析、管理、计划或制定政策等不同目的进行划分的某片地区，只要划分遵循同质性或功能一体化的原则即可。从已有研究的不同划分看，区域创新中的区域既包括高于国家、国际层面的划分，诸如亚太地区、欧盟地区；也有国家范围内的划分，例如，中国各省份、美国各州等；再到大都市区或某个城市。除此之外，在区域情境下，创新的含义变得更加丰富。从广义看，区域内的社会、经济、文化的创新，都属于区域创新；而狭义的创新，是指那些新技术、新知识的创造、产生、扩散、应用的有关过程。

从本书所关注和试图解决的问题出发，选择城市（地级市）作为研究的区域尺度。一方面，城市为开展创新活动提供了最重要的空间载体；另一方面，以城市作为研究的空间尺度，较以往的测度，能够更好地体现企业家空间位置上的相近。综上所述，本书将区域创新定义为城市内与新技术、新知识创造、生产、扩散和应用相关的过程。

1.3　研究问题阐述

基于对以往区域创新研究的梳理，本书注意到企业家在创新活动中的重要作用。但以产业集聚理论为核心的已有研究，主要通过企业集聚产生的外部性解释区域创新的差异。其中值得进一步探讨和挖掘的地方是，企业的集聚是否等同于企业家的集聚？结合我国企业家要素与区域创新发展区域不平衡的事实，本书提出的核心问题是：企业家集聚如何影响区域创新？

本书围绕"是什么""为什么""怎么做"的科学探究思路，进一步将研究的核心问题拆解为四个更为具体、层层递进的研究主题。

1.3.1 企业家集聚的定义与测度问题

企业家和集聚是相对熟悉的研究对象，但对企业家集聚的研究还比较有限。在开始企业家集聚对区域创新影响的研究之前，需要首先回答的问题是企业家集聚是什么？从下定义的角度，需要先说明企业家是如何界定的，然后再进一步说明企业家集聚的内涵。在此基础上，由于企业家和企业、企业家集聚与企业集聚之间存在概念上的模糊，因此需要进一步说明这些概念在定义上存在哪些区别。除此之外，企业家集聚作为空间视角下研究的一个重要问题，还需要将企业家集聚与诸如区域企业家、区域企业家精神等相关联的概念进行区别。从这些层次上，进一步对概念进行准确定义，对其经济学内涵进行挖掘。

在准确定义的基础上，如何对企业家的集聚进行有效测度，是本书需要回答的另一个问题。只有能够测度和衡量，才能说明概念和定义具有现实意义。已有的研究利用企业数据近似刻画了我国区域企业家、区域企业家精神，以及企业家资本在省级区域尺度上的分布情况。研究问题提出的一个基本背景是我国企业家与创新的区域分布不均，因此本书在开始实证研究前，需要先说明我国企业家集聚的现状如何。

1.3.2 企业家集聚对区域创新影响的理论机制问题

企业家集聚对区域创新影响的理论机制研究，应该回答企业家集聚对区域创新会产生什么样的影响，通过什么方式产生影响，影响范围如何等定性的问题。具体而言，包括：①企业家集聚对区域创新将产生哪些不同的影响？影响是正面的吗？②从企业家的视角出发，企业家集聚对区域创新产生影响的作用机制有哪些？这些作用机制与产业集聚相比有何异同？③考虑空间范围的影响，同一区域内，企业家集聚是通过哪些途径对区域创新产生影响的？区域间的企业家集聚，特别是临近地区的企业家集聚，是否会对临近地区的创新水平产生影响？

1.3.3 我国企业家集聚对区域创新影响的实证研究

在对我国企业家集聚的情况有了基本了解后，以本书的理论研究框架为基础，实证部分回答三方面的问题：①同一区域内，企业家集聚会对区域创新产生多大的影响？②不同的作用机制影响程度有何区别？③不同区域间企业家集聚对相邻区域的影响程度如何？不同区域间的溢出效应是否存在差异？此外，在我国当前城市群蓬勃发展的背景下，不同的城市群是否显示出不一样的特征？

1.3.4 对于我国当前"构建创新"实践的政策建议与意见

如何通过政策引导企业家的集聚，实现创新及区域间的协调发展是本书的政策落脚点。基于已有的特征事实分析、理论研究及实证研究结果，如何在实践中将本研究的结果落地，从而指导区域创新实践，是本书要回答的第四部分问题。

1.4 研究思路与章节安排

以我国企业家与创新区域分布不均的现实为背景，本书注意到在创新研究的语境中，现有研究的出发点"企业"与"企业家"在概念中存在不同，本书提出了一个基本的研究问题：企业家的集聚如何影响区域创新？围绕这个问题，首先对区域创新的相关研究和理论进行了梳理。在梳理过程中，以产业集聚理论与知识溢出理论作为重点，在现有成熟的"产业/企业—集聚—创新"的脉络下，探究集聚外部性如何对区域创新产生影响。

主体部分，本书的逻辑主线围绕"是什么""为什么""怎么做"三个层次依次展开。

从企业家集聚"是什么"入手，首先基于企业家理论和集聚理论对"企业家集聚"进行了文字的定义。在对这个概念测度方法讨论的基础上，对我国企业家集聚的特征事实进行了分析，从现实的角度对企业家集聚的定义进行了应用。

"为什么"由两部分构成。其一，从理论上分析了企业家的集聚对区域创新影响的理论机制，具体包括：①企业家集聚对区域创新有哪些影响？②企业家集聚对区域创新的影响机制如何？③在空间视角下，区域内的企业家集聚对所在区域及关联区域产生的影响有哪些？其二，从定量分析的角度，从以上三个研究问题出发，具体衡量了企业家集聚对区域创新的影响。本书非常重视从空间视角探究经济要素如何发挥作用。在对企业家集聚对区域创新影响的空间溢出效应分析的过程中，分别考虑了不同地理区位、不同空间关联以及城市群视角下的影响，在不同的空间情境下，对企业家集聚如何影响区域创新有了更加深入的探究。

本书最后的落脚点在于"构建创新"的国家战略，在这个战略目标下，第9章对近年来国内外的企业家与创新的相关政策进行了梳理，并基于已有的研究结论针对我国的创新构建提出了具体的政策建议。

本书共有九章。第1章为绪论部分，介绍了研究问题的现实背景，对研究的对象进行了界定，并围绕研究问题提出了待讨论的研究话题，对研究整体的逻辑框架、采用的技术方法等进行了统一的说明。第2章是关于区域创新已有研究的梳理与回顾，重点分析产业集聚理论、知识溢出理论对区域创新的影响。第3章对"企业家集聚"概念进行了界定，并对企业家集聚的内涵以及测度方法进行了探讨，从理论的角度回答了提出的"是什么"的问题。第4章紧承上文，基于中国经验，应用大数据、文本分析及地理信息系统，对我国企业家集聚的特征事实进行了分析。第5章是企业家集聚对区域创新影响的理论分析。第6章、第7章的分析主要集中在企业家所在区域内的企业家集聚对区域创新的影响。第8章首先分析了企业家集聚的空间溢出效应，并在我国城市群的语境下，对企业家集聚的空间溢出效应进行了检验。第9章是全文的总结和政策建议。

本书梳理了国内外创新发展水平较高的区域内围绕企业家、创新的相关政策，在此基础上，提出了政策建议。图1-2为本书的主要研究思路及章节安排。

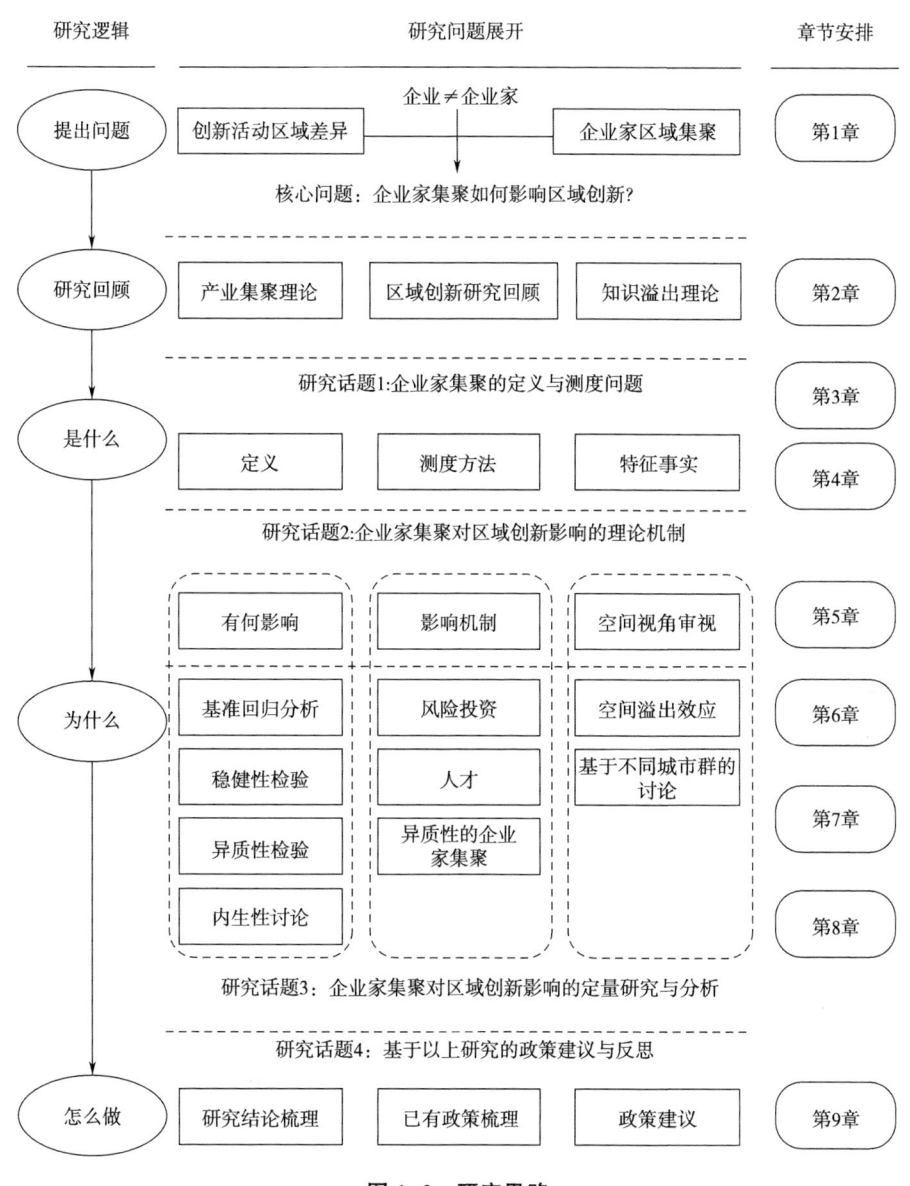

```
研究逻辑              研究问题展开                          章节安排

提出问题         创新活动区域差异  企业≠企业家  企业家区域集聚      第1章
                       核心问题：企业家集聚如何影响区域创新？

研究回顾         产业集聚理论    区域创新研究回顾   知识溢出理论     第2章

                研究话题1：企业家集聚的定义与测度问题              第3章
是什么              定义          测度方法        特征事实         第4章

                研究话题2：企业家集聚对区域创新影响的理论机制

                  有何影响       影响机制       空间视角审视       第5章

为什么            基准回归分析    风险投资      空间溢出效应        第6章
                  稳健性检验      人才       基于不同城市群的
                                              讨论               第7章
                  异质性检验    异质性的企业
                              家集聚                             第8章
                  内生性讨论

                研究话题3：企业家集聚对区域创新影响的定量研究与分析

                研究话题4：基于以上研究的政策建议与反思
怎么做          研究结论梳理    已有政策梳理     政策建议          第9章
```

图1-2 研究思路

1.5 研究方法

方法的选择和使用是为了服务于研究的问题。从整体看，本书兼顾定性和定量分析，并以定量分析为主。定性分析主要用于回答"是什么"的问题，在对已有研究进行梳理的基础上，对企业家集聚是什么、对区域创新的影响及其机制进行了分析。实证分析在文中所占比例较高，通过计量方法，一方面，定量地对研究的问题进行回答；另一方面，对定性分析的科学性进行了验证。

具体来看，本书主要采用了四种科学研究方法。

第一，采用严谨的文献分析的方法，从产业集聚理论、企业家理论、区域创新系统理论三大基础理论出发，系统梳理企业家集聚对区域创新的作用机制。在文献分析的过程中，从"集聚""企业家""创新"三大关键词出发，对文献的归纳和整理不仅包含国内外主流经济学期刊与专著，还通过不同的文献检索平台对相关国际机构、科研单位的研究成果进行了筛选、梳理与研读。在对已有内容研读的基础上，通过关键含义对比、绘制研究成果脉络图等方式，从文字定义层面回答了"是什么"的问题。

第二，采用大数据和文本分析的技术手段，对企业家集聚的相关数据进行收集和整理。以往的研究受制于某个已有的数据库，衡量和测度企业家时，更多的是通过组织意义上的企业家，包括中小企业数量、私营企业数量等，并非真正理论意义上的"企业家"。随着数据获取方式的多样化和我们对数据间关联的理解越来越深入，本书基于商业企业数据库企名片，通过数据爬虫获取企业家活动沉淀在互联网上的数据，并基于文本分析，对"企业家"进行筛选和甄别。

第三，本书以定量分析为主，通过空间计量经济学模型，测算企业家的空间集聚对区域创新的影响。2008年，诺贝尔经济学奖得主、国际经济学家克鲁格曼（Kruqman, 1998）在文章中，对空间经济学的呼吁促进了不同领域的研究者对空间要素的关注。近年来，空间计量模型和方法的发展使我们可以更加准确地探索空间之间的联系,成为被许多研究所选择的方法(余泳泽和刘大勇,2013;邵帅等,2016;邵朝对和苏丹妮,2017)。本书采用空间计量模型,探索了区域内企业家集聚水平与创新的关系,研究了企业家集聚对关联区域创新水平的影响。

第四,采用理论联系实际的研究方法。首先,本书的研究问题源于我国改革开放过程中,企业家集聚及区域创新分布不均的实际问题。其次,在对企业家空间集聚定义的过程中,回归到现实视野中,研究中国的企业家空间集聚的现状。最后,在对企业家空间集聚及其对区域创新的作用机制有一定认识后,研究力求回到现实中,思考如何制定现实的经济政策,通过企业家的空间集聚效应,促进区域创新与均衡发展,呼应我国当前经济发展现实中的迫切需要。

1.6 研究意义

本书研究的问题既来自我国经济建设的现实,又受到现有集聚理论以"企业"为研究对象、无法真正意义上代表"企业家"的启发,因此研究兼具理论与实践两方面的意义。

基于对现有研究的梳理,本书的理论意义主要体现在两个方面。

首先,对现有经济集聚理论进行了拓展。本书尝试将集聚经济的研究进一步推到"人"的层面上,构建了以企业家集聚为中心的理论体系。新经济地理学的核心和故事的逻辑起始点,在于发现了产业集聚带来的规模经济能够有效降低运输成本。基于这个核心逻辑,现有的集聚经济理论中的金融外部性的理论,更加适合解释以制造业为主体的聚集,对于服务业以及知识密集型产业的解释力度有限。正如一些学者在后来的研究中所指出的,克鲁格曼为了追求模型的完美而忽略了一些因素,例如,对外部性中知识溢出的建模,由此他拒绝讨论技术和知识外部性的空间影响(Sunley,2008)。随着人类社会进入服务经济、知识经济时代,特别是服务业的兴起,人才、知识、创新的作用日益增加,技术外溢等集聚的重要性越来越凸显。这些冲击和挑战敦促我们从新的视角对集聚理论做进一步探索。企业家是经济发展过程中特殊的人力资本，是经济增长过程中的重要因素。从这个角度上说，本书将视角由企业转变为企业家，是对当前人力资本在知识经济时代成为愈发重要的生产要素的回应。

其次，研究从三个方面丰富了区域创新的研究视角。一是从"企业"到"企业家"的视角转变。自1990年区域创新作为一个概念被提出以来，逐渐形成了"产业/企业—集聚—创新"的研究脉络。本书基于"企业"不等同于"企业家"的观察，在发展继承集聚理论的基础上，通过企业家的集聚，解释区域创新，丰富了现有区域创新的研究。二是希望通过对企业家非理性行为的分析，启发在集聚经济和区域创新研究中，对凝聚在社会群体身上的非市场因素的外部性做进一步挖掘。现有的集聚理论对区域创新的解释主要来自理性的市场因素，而对于集群在无形的社会联系上的优势未给予足够的重视（魏后凯，2003）。三是通过对企业家集聚的空间溢出效应进行实际测度，证实了 i 地区企业家活动对其关联区域 j 的影响。在区域间经济联系日益紧密的今天，必须看到创新活动"空间黏性"的另一面是其区域间的互相影响。

企业家的概念本身源于经济活动实践。研究问题源于实践并指导实践进一步发展，一直是本书的价值诉求所在。本书的现实意义主要体现在三个方面。

首先，帮助我们在地级市的空间尺度上了解我国企业家集聚的真实情况。借助大数据和文本分析技术，整体视角摆脱了宏观或区域层面以企业或组织意义上的企业家替代"企业家"的束缚，能够相对准确地对我国企业家集聚的情况进行描绘。

其次，企业家集聚水平的差异，是理解我国区域差异的新视角。从我国东中西区域的发展看，改革开放以来，中国的经济发展形成了以东南沿海地区为中心，以中西部为外围的经济格局。在过去很长的一段时间里，各地政府通过招商引资、建设产业园等方式，希望促进我国产业的东西转移，带动经济发展。但这些举措中的一部分并未达到预期的持续效应，中西部地区同样创办了许多企业,但企业家资源依旧匮乏。了解企业家集聚及其对区域创新的作用机制,是理解我国改革开放过程中形成的经济发展空间不均衡现象的新视角。

最后,对企业家的集聚效应及区域创新的研究,对我国未来创新型经济的发展有着重要意义。过去的经济政策和发展思路在于发展重点产业、支持重点企业,但企业家群体及其集聚现象同样是值得关注的政策出发点。尽管目前已经存在一些以企业家和创新为出发点的政策,但由于二者的内生性问题,其作用机制并不清晰,政策制定者因此很难找到真正的抓手。随着我国经济进入"新常态",更应该充分认知企业家的集聚现象,有针对性地制定政策,发挥企业家集聚带来的作用。事实上,进入21世纪以来,党和政府非常重视民营经济的发展,并在大力发展民营经济的过程中,高度重视对企业家群体的成长和企业家精神的培育。本书希望通过翔实的理论论述和严谨的实证分析,为我国创新发展和企业家集聚的培育提供理论支持。

1.7　研究创新

本书从是什么、为什么、怎么样三个角度,对以企业家集聚为中心的理论体系进行了梳理与构建。基于对现有研究的梳理,本书的理论创新体现在两个方面。

第一,将企业家理论与集聚理论相结合,首次系统地论述了企业家集聚的内涵。已有的部分研究已经关注到了空间尺度的企业家集聚现象,但这些是基于企业家理论或是产业集聚相关理论的研究。企业家集聚的理论是以企业家的空间活动作为基本研究对象,在产业集聚的基础上,综合了企业家理论,研究企业家集聚的经济意义。企业家集聚的相关理论将产业集聚相关研究进一步拓展到以企业家为研究主体的"人"的层面,在空间视角下对企业家要素进行了研究。其意义在于更加全面地了解企业家在经济增长过程中的作用,搭建企业家理论与集聚经济理论、区域经济理论对话的桥梁。

第二，研究数据的创新和对企业家测度方法的创新。本书通过大数据和文本分析技术，摆脱了以往对企业家的相关研究对数据可获得性的束缚，真正实现了对个体意义上的企业家相关数据的研究。本书基于企业家的定义，通过数据抓取和文本分析，在区域内所有企业中筛选出能够集聚和配置资源，实现了某种程度创新的，具有企业家的企业特征的企业；进而基于这些企业的工商登记信息，从企业的主要人员中，筛选出组织内部真正的企业家。本书在数据层面实现了从企业到企业家的重要跨越，真正聚焦于区域内活跃的、符合企业家理论意义的企业家。

此外，从目前已掌握的文献看，本书是首次在国内从地级市层面开展的对企业家的相关研究，是研究数据创新的体现。以往的区域经济学或集聚经济学通常受制于可获得的数据，以直辖市、省和自治区为研究的空间单位。本研究借助互联网数据，抓取了企业家的实际办公地址，通过调用百度地图应用程序编程接口（Application Programming Interface，API），在最精细的颗粒度上实现了对企业家集聚情况的分析和还原。

本书实践意义上的创新主要体现在三个方面。

第一，首次对中国企业家集聚现状和近年来演化趋势进行了描绘。已有的研究中还较为缺少对近年来中国企业家，特别是真正活跃的企业家群体的空间集聚进行描绘。本书在数据创新的基础上，刻画了中国企业家集聚的现状和演进趋势，期望通过对比研究，探索我国区域创新和产业政策更适宜的出发点和立足点。

第二，在空间溢出效应的探索中，基于城市群的视角将企业家集聚对区域创新的影响，与我国城市群建设的实践联系起来。一方面，在对我国企业家集聚特征事实的分析中，以城市群为视角，对企业家集聚的现象进行了反思；另一方面，从我国当前的城市群发展的现实出发，比较了不同城市群内企业家空间溢出效应的区别，为不同城市群内如何利用企业家集聚对创新的空间溢出效应，带动城市群整体创新水平的提升提供了基础。

第三，关注了风险投资在企业家集聚和创新中的作用。风险投资是一种特殊的金融要素，近年来成为学术研究关注的热点问题。中国风险投资在2012年以后实现了迅猛发展，但目前在经济地理和集聚经济学的相关研究中，对中国风险投资的研究还比较有限。考虑到经济发展的变化和风险投资对于创新的重要作用，本书获得了基金业协会备案登记的15 736家风险投资机构的基本信息，在空间模型中，考虑在这个变量的作用下企业家集聚与区域创新的作用机制。

2 研究回顾

本章中，我们以研究的因变量——区域创新作为核心，梳理相关研究和基础理论。尽管经济地理学者对于创新的区域属性已经形成共识，但在不同的空间尺度下，区域有着不同的内涵。基于此，本章首先回顾了全球视野下，国家范围内以及在地区和城市等不同空间尺度下的创新研究。从区域创新研究的发展历程看，研究的空间尺度朝着更加微观的空间尺度发展。随着知识经济的发展和区域创新研究的不断深入，区域创新已经成为讨论国家间竞争、制定国家发展战略时涉及的话题，因此从不同的空间尺度入手，也是重新理解区域创新相关理论的一个新视角。事实上，学者提出的不同理论都有其空间意义上的出发点，但以往的研究较少从这个视角梳理现有的理论。本章中，首先按照不同的空间尺度，对国家创新体系、国家竞争优势理论、产业集聚理论、知识溢出理论等相关内容进行了梳理。

在对区域创新发展不均衡的解释中，新古典经济学面临两方面的挑战。首先，新古典经济学理论的假设认为生产要素可以无摩擦地在区域间移动。在这种假定下，区域间的经济发展应当趋于收敛，但事实却背道而驰。对此，新古典经济学派尝试通过对知识的进一步研究，解释不同区域经济发展的不收敛。新古典经济学家认为，不同于其他的生产要素，知识的非排他性和非竞争性[①]使其成为实现边际收益递增的原因所在，进而导致区域发展的不均衡（Lucas，1988；Romer，1990）。其次，新古典经济

---

① 知识的非排他性是指知识能够被检索，非竞争性指的是知识能够同时被不同的群体使用。知识的这两大特性使得其边际收益递增的性质得以实现。

学对于创新产出的一个重要假设在于创新产出是投入的生产函数，但在不同的空间尺度上，学者们在对创新投入与产出模型①的实证过程中发现，在国家或产业层面显著的创新投入与产出的关系，在相对微观的环境中并不显著。例如，阿克斯和奥德兹（Acs and Audretsch, 1990）在对美国4位数标准化工业划分的制造业研究中发现，大企业的创新投入与产出的相关系数仅为0.4，而整体相关系数为0.84。奥德兹和费尔德曼（Audretsch and Feldman, 2004）再一次发现，随着空间尺度的变化，创新生产和产出之间的显著性也随之变化，尤其是在企业层面的研究中，创新的投入与产出的关系并不显著。这进一步说明了区域相关创新活动存在外部性，成为后来研究的一个重要方向。因此，在本章的第2、第3节中，通过对经济集聚理论、知识溢出理论的回顾，探讨了不同的外部性的存在，从而梳理了已有研究对区域创新影响机制的认识。

在对这些研究的总结和批判思考中，本章提出了关注三方面的观点：①以往的研究聚焦于产业集聚的外部性对创新的影响，但产业集聚本质上是企业家的集聚；②高技能劳动力、科研人员等知识溢出的主体都对创新有重要作用，但如若缺乏企业家的整合，则不足以形成有效的创新产出，因此从知识溢出的视角看，应关注企业家对创新要素的整合和影响；③以往研究的空间视角不足，特别是企业家的邻近性对所在区域和关联区域的影响。

2.1 区域创新研究回顾

2.1.1 从创新到区域创新

创新作为理论被提出始于20世纪30年代，奥地利经济学家熊彼特在

---

① 在新古典经济学中，厂商是外生的，而厂商创新的成果是内生变量。在大多数模型中，创新产出的投入为新的具有经济价值的知识（new economic knowledge）。科恩和克莱珀（Cohen and Klepper, 1992）指出，研发投入、人力资本、高技能劳动力和教育水平都与具有经济价值的新知识相关。因此，在新古典经济学文献中的知识生产函数的一般形式为：$I_i = \alpha RD_i^\beta HK_i^\gamma \varepsilon_i$（Audretsch, 2004）。其中，$I$代表创新产出水平，$RD$代表研发投入，$HK$代表人力资本相关投入，$i$代表研究的对象，包括国家、行业或企业。

《经济发展理论》中对创新进行了系统的论述。他认为，创新是"企业对生产要素的新组合"，这种新的组合包括引入新的产品或提供新质量的某种产品，采用新的生产方法、开辟新的市场、获得某种原材料新的供给来源，或者是采取新的企业组织形式。从熊彼特（Schumpeter，1934）对创新的定义可以看出，其创新理论的出发点是企业，在一定程度上，创新被认定为企业内活动的结果。随着经济全球化、信息化和知识经济的不断发展，创新主体、创新活动开始呈现新的特点。一方面，随着人们对创新过程认识的不断深入，学者们意识到，创新需要调动多方资源；另一方面，将创新局限在企业内部的封闭性做法，越来越受到外部压力的挑战。20世纪80年代以来，熟练技能工人的流动、风险投资市场的发展，以及其他外部供给能力的增加，促使学者跳出个体创新的视角，站在更加宏大的视角下研究创新。无论是政策制定者还是其他领域的研究者都开始关注创新问题。

在对区域创新研究的梳理中，区域创新的研究大体上沿着"创新—区域创新—区域创新体系/区域创新系统"的脉络不断发展，从个体企业的创新逐渐发展为更加综合的、具有融合性和系统性的概念。1990年，英国学者库克与摩根正式提出了"区域创新"的概念。区域创新打破了以往局限于新技术和知识创造的框架，从广义的角度看，所在区域内的社会、经济、文化等角度的创新，都属于区域创新。从狭义的角度看，区域创新仍旧是指区域内与新技术和新知识有关的创造、生产、扩散以及应用的过程。1992年，在"区域创新"的基础上，库克进一步提出了"区域创新系统"的概念。不同于单纯的经济地理或区域经济学概念，"区域创新系统"融合了公共管理等其他不同领域的理念，从更加系统、综合的理念审视和解读区域创新。和经济理论中将企业作为微观创新的主体不同，库克（Cooke，2001）承认企业在创新中的重要作用，但同时将高校、研究机构等区域内互相分工和关联的主体纳入区域创新体系中。以库克为代表的学者认为，企业、高校、科研机构、政府部门共同参与的区域创新体系更加有利于创新活动的孵化和成长（Martin，2011；柳卸林等，2017）。21世纪以来的研究主要对区域创新系统由哪些要素构成（刘曙光，2002；柳卸林等，2004），不同要素之前如何互动（Tedtling and Trippl，2005；Trippl，2013），以及区域创新系统的演化（Lundquist and Trippl，2013）三个领域做了进一步研究。从区域创新系统的构成看，后来的学者更多地将目光聚焦于区域创新的"软环境"，包括区域内的历史文化、制度安排以及企业家精神等因素。不同要素之间的互相作用既包括显性的要素组合，也包括不同主体间隐形的、非正式的知识溢出。

随着世界范围内区域一体化的深入发展，学者将在原本对单一区域的创新系统理论拓展为对多区域之间协同创新的研究，提出了"跨边界区域创新系统"的概念。相较于单一的区域创新系统，跨边界的区域创新系统通过多个区域间不同的创新要素跨区域的联系与互动，创造出不同于单一区域创新系统的创新产出。以克拉特凯克（Kratke，1999）为代表的学者发现，非正式机制的隔阂是跨边界区域创新系统的一个重大特征。不同区域间的语言、信仰和价值观等因素，经常形成跨边界区域创新进程中的重大障碍。伦奎斯特和特里普尔（Lundquist and Trippl，2013）提出，跨区域的创新要求减少区域间在各方面的距离，提高区域间的临近性，这种临近性既包括了地理临近，也包括了技术临近、制度临近、关系临近在内的其他形式的临近性。

从整体看，区域创新和区域创新系统的概念都是相对综合的概念。无论是广义还是狭义的定义，二者的定义中都强调了与创新相关的各种因素之间的相互作用和支撑。与区域创新相关的理论研究承认企业在区域创新过程中的重要作用，但同时更强调制度以及与制度相关的环境对企业创新的支撑作用。区域创新及区域创新系统理论必须面对和承认的事实是，在系统论面面俱到地将涉及区域创新的要素囊括其中的同时，区域创新体系在具体说明某个要素在区域创新中的作用机制时，仍需要以其他相关理论为基础，如随着知识溢出理论的发展，区域创新研究也开始尝试从知识交流的视角看待区域内不同创新要素的交互（Lundvall and Maskell，2000）。

区域创新系统理论更多的是为了制定区域创新政策而诞生的，是国家和区域决策者促进创新的工具（Asheim，2006；Asheim，2015）。区域创新系统在我国20世纪90年代高新区建设的起步阶段，受到诸多政策制定者的重视，在指导我国区域创新政策的制定中发挥了重要作用。刘曙光（2002）、官建成（2003）、柳卸林（2004）等学者以区域创新系统为基础，对我国中关村、浦东新区等园区的建设和发展提供了重要的理论支持。

2.1.2 不同空间尺度下的区域创新研究

如果说从独立概念到系统观念、从个体企业到区域整体是梳理区域创新研究的一条脉络，那么区域创新研究中的另一个重要维度是在不同空间尺度下对区域创新的探索。

不同空间尺度下的区域创新研究，是由于区域本身是一个涉及经济学、地理学和环境学等学科的概念，是一个随着研究问题和目的而存在的中间范畴。最早尝试对区域进行定义的学者是德国地理学家赫特纳。他的定义主要从区域的自然属性出发，认为区域是形态上内部性质相对一致，而外部差异性最大的地理连续的地段或状态。其他学者基于研究目的，进一步突破了区域的自然属性，从地理分布、区域自然环境以及社会文化环境等方面的因素，综合考虑定义区域。区域经济学家胡佛（Hoover，1971）认为，区域是基于描述、分析、管理、计划或制定政策等目的而存在的，因此，只要对区域的划分遵循同质性或功能一体化原则即可。区域未能形成统一认知的现象在区域创新领域同样存在。因此，基于不同的研究目的，区域创新研究既涵盖高于国家层面的区域，诸如亚太地区、欧盟等区域的研究，也包括在国家范围内的不同区域，如对中国各省份、美国各州的研究，还包括了以大都市区或某个城市作为对象的研究。

尽管在1990年"区域创新"的概念才正式被提出，但在19世纪80年代末，在国家体系下对创新的研究中就已经出现了区域的概念。1987年，英国经济学家弗里曼提出了国家创新体系的概念，将创新从单纯的个体行为上升到国家层面，在这个空间视角下，审视创新活动。以日本经济作为研究对象，弗里曼认为，国家制度是推动技术创新的重要因素，制度的设定直接决定了创新体系的效率高低。在弗里曼构建的国家创新体系中，政府机构、大学及科研院所都是构成国家创新体系的重要组成部分。在全球化的背景下，从国家体系入手审视创新，较以往局限于个体创新的研究是一大飞跃。有研究者梳理了早期支持引发重要技术变革的研发资金来源，发现国家政府的投入占据了大多数（Kahn，1994）。互联网的早期发展事实上得益于国家政府的大力支持，为政府在支持创新与技术变革中发挥重要作用提供了直接的证据（Greenstein，2007；Rogers and Kingsley，2004）。但任何制度扶持都不能替代市场对创新的追求，将创新视作特定制度下的本能行为或将国家创新等同于制度创新有其局限性。

19世纪80年代以来，工业生产由福特主义①进入后福特主义，生产流程的灵活性、信息技术革命等因素推动了经济全球化。在考察了10个工业化国家后，波特（Porter，1990）发现，集聚能够促进区域竞争，加快经济增长，进而提高国家整体的产业竞争力。进一步的，他提出了由需求条件、生产要素、关联与支撑性产业、企业竞争战略、结构，以及政府和机遇两个外在要素组成的钻石模型，用于分析国家的竞争优势。国家竞争优势理论将国内创新的微观机制和宏观绩效联系起来，一方面肯定了国家的竞争力在于企业的创造能力；另一方面强调了政府应该根据本国实际情况，为企业制定合适的创新政策。国家竞争优势理论很快成为全球化视野下，比较和分析各个国家或地区创新系统的分析框架（Nelson，1993）。基于国家竞争优势理论，出现了诸多基于国际地区以及国家层面的研究。

从个体创新到区域创新，学者们研究视角转变的背后折射的基本认知是，尽管创新是不同空间尺度下各种社会、经济因素共同影响的结果（Edquist et al.，1998），但空间和地域为这些创新因素发挥作用提供了平

---

① 福特主义是指基于美国方式的、新的工业生产模式。它的内涵是以市场为导向，以分工和专业化为基础，以较低产品价格作为竞争手段的刚性生产模式。福特汽车是这种模式的典型代表。20世纪60年代末期，这种以规模经济为核心的生产模式遭遇危机，使得以大规模工业化生产模式为主的资本主义国家进入了长达20余年的经济结构调整。直至20世纪70年代后半期，以信息技术为核心的第三次工业革命使得资本主义国家开始了新的生产方式，这种生产方式进而被称为后福特主义。

台。1994年，弗里曼正式提出创新地理学的概念后，研究开始更加关注创新活动区域性集聚的特征，新经济地理达成的一个共识是创新活动发展的空间不均衡。但事实上，创新活动空间集聚和不均衡的思想由来已久。熊彼特（Schumpeter，1912）用"时空上成群出现"描述创新活动的一个基本特征。之后的诸多研究和分析也验证了这个观点：布扎德等（Buzard et al.，2013）发现，相对于普通企业，科研机构在空间分布上要比普通企业更加集中。与一般的制造生产活动相比，在控制了影响生产活动的地理分布因素后，创新依然显示出较强的地理集中性（Audretsch and Feldman，1996；Maskell，2001）；在经济全球化的背景下，创新甚至比其他经济活动呈现更强的空间集聚特征（Krugman，1991）。

21世纪以来，城市成为研究区域创新最主要的视角。这背后不可忽视的现实是全球城市的飞速发展，人才、资本等创新要素不断向城市聚集，特别是随着制造业的价值链在国际范围内不断重构，价值链上游附加值高的、技术密集型的环节在城市实现了快速发展（Gassler and Nones，2008）。城市成为发生知识交换最好的空间（Scott，2006），创新活动也开始集聚于某些特定城市。若以新产品的发布为衡量创新的直观标准，那么在20世纪的美国，有96%的新产品集中在大城市发布（Feldman and Audretsch，1999）；若以专利作为衡量创新的指标，21世纪之前，美国超过92%的专利诞生于像纽约这样的城市（Chatterji，2009）。这些地区同样也是风险投资机构集中、人口稠密的地区。城市视角下的区域创新研究主要囊括了三个主题：①什么样的城市能够吸引创新；②城市内创新要素的分布不均；③创新对城市经济发展的影响。正如邦内尔和科伊（Bunnell and Coe，2001）指出的那样，或许仅专注于一个空间尺度无法完全了解创新的整个过程。近年来，不同空间尺度下影响区域创新要素之间的互动，成为区域创新研究发展的一个方向。这些研究主题背后所揭示的共同需求是，创新成为城市经济政策制定者最为关注的话题，经济全球化背景下，再造一个硅谷，成为许多城市的梦想。

2.2 集聚理论与区域创新

在生产投入一定的前提条件下，经济主体总是试图实现产出最大化。企业内部的规模经济和范围经济通过企业利润最大化模型[①]，能够在一定程度上解释为什么某些企业的竞争力要高于另一些企业（Bercovitz and Mitchell, 2007）；而集聚理论则关注了企业的地理位置所带来的外部性，解释了某些特定的经济活动在特定区域出现的原因。因此，集聚理论也成为研究区域创新活动在某些城市集中的重要理论出发点。

2.2.1 集聚理论的发展脉络

集聚理论发展于对中心城市的解释，即为什么存在一个中心城市。韦伯于1909年发表《工业区位论》，从微观企业区位选择决策，构建了企业的最优成本模型，从而阐释了企业集聚的原因：运输成本、劳动力成本以及信息和知识的聚集三大因素决定了工厂的最佳位置。但这些早期的研究都是在既定框架下的现象归纳，无法实现理论的自洽。传统的经济理论将经济活动空间分布上的差异都归功于地区间环境和禀赋的优势（Schmutzler, 1999）。随着经济发展的模式由以原材料为导向型的集聚，向市场导向型的集聚、人才导向型的集聚转变，传统的经济理论越来越无法解释这些变化。马歇尔（Marshall, 1890）的研究跳出了古典经济学的范畴，提出了集聚经济对于厂商的外部性，认为劳动力池共享、专业化投入、知识溢出这三个方面的因素决定了工厂的区位选择。这三方面外部性因素不断自我强化，产生了"锁定效应"，不断吸引着新企业，进而产生了集聚。后来的很多研究也主要围绕这个基本的理论框架展开。为了解释产业内贸易而诞生的新贸易理论（Krugman, 1993），阐明了厂商规模经济、消费者多样化偏好和交通运输成本之间的相互作用，是如何导致集聚

[①] 内部范围经济是指随着产品品种的增加，企业的长期平均成本下降。内部规模经济是指随着产量的增加，企业的长期平均成本下降。

出现的。新贸易理论的核心思想在于规模收益递增，与马歇尔外部性的理论出发点有相似之处。基于规模收益递增而产生的产业集聚常见的有两种类型，一是由于下游的消费者集聚而产生的多样化偏好；二是由于上游或产业内的生产联系而产生的集聚。无论是哪一种，本质上都是为了通过集聚的规模效应，实现最大化；而交通运输成本是这些理论中实现规模效应的最核心中介。

随着鲍德温和大久保（Baldwin and Okubo，2006）提出异质性企业的区位决策理论，学者们开始基于新的逻辑审视和研究企业集聚背后的成因。以往的新经济地理理论和逻辑框架强调"区位"选择为企业带来的优势，暗含的假设是企业是同质的。而"新"新经济地理理论则进一步将产业集聚形成早期的那部分高效率的企业识别出来，从而将企业的区位选择理论化地概括为选择效应和分类效应两类，其中选择效应是指高效率的企业选择到发达的地区进一步发展。

随着信息产业的发展，企业运输成本的变化以及创新要素在经济中发挥的作用越来越大，在马歇尔、克鲁格曼等学者的研究中，由于降低企业实际成本的金钱外部性，在集聚过程中发挥的作用变得没有以往显著。以鲍德温等学者为代表的"新"新经济地理学派主动选择的概念，在一定程度上以新的视角解决了集聚的动因问题，却还未达成理论上的一致。除此之外，以鲍德温等学者为代表的"新"新经济地理研究，也在引导集聚经济另一个视角下的思考：又是哪些因素真正促使了高效率企业的区位选择？

另一些学者将目光聚焦于一些非市场因素，如社会文化、机构因素和政治因素等。相较于规模经济带来的成本优势，这些因素同样是产业集聚形成的重要原因（Saxenian，1994；Malmberg and Maskell，1997）。现有的集聚经济主要是从有形的、可测度的经济联系进行研究，而对社会文化等其他较难测度的非市场因素，以及基于这些因素产生的外部性还未能予以足够的重视。尽管目前基于文化、制度的社会学因素研究学派的研究，并没有形成新经济地理的经济学科，但其将集聚的研究推到了更加微观的层面,并将创新和知识的交流作为集聚的显著特征,代表了知识经济下集聚理论研究的发展方向。

表 2-1 以时间为线索,基于不同的时代背景、学派以及集聚研究的视角,对集聚理论的发展脉络进行了梳理。

表 2-1 集聚理论的发展脉络

时间	背景	学者/学派	集聚的视角	理论观点	研究视角
19世纪90年代	工业化深入发展	马歇尔(Marshall)	工业区	当地的特殊人才、相关企业间的贸易都是促进集聚的因素	经济外部性
20世纪20至70年代	大规模生产、大企业垄断时代	大企业的垂直垄断造成经济学的关注在于大规模生产带来的效应,集聚相关研究在这个阶段处于停滞状态			
20世纪80年代	IT技术革命,石油危机	意大利学派比克提尼(Becattini)	工业区	当地的社会文化、政治和历史因素促进企业集聚,提升企业效率	社会经济和历史原因
		皮奥里,萨贝尔和塞特林(Piore, Sabel and Zeitlin)	工业区	灵活的生产单元是大规模生产的替代方案	机构因素
		加州学派斯科特和斯多波(Scott and Storper)	更加灵活的生产单元	集聚的目的在于降低企业间的交易成本	交易成本
20世纪90年代	经济全球化,贸易自由化,技术变革	波特(Porter)	产业集聚与地区集聚	产业集聚提升区域竞争力水平	战略理论
		新经济地理克鲁格曼(Krugman)	产业区位	马歇尔的三大外部性,国际贸易与区域不平等	国际贸易
		"新"新经济地理鲍德温(Baldwin)	企业的自我选择	高效率的企业选择了某些区域,进而导致相关的集聚	国际贸易
		北欧学派	区域学习,创新环境	合作与知识溢出	社会经济地理
		文化和制度视角的集聚研究	区域产业系统	公司间的合作、知识流动以及与区域发展的关系	新制度理论

2.2.2 集聚理论与区域创新

纵观集聚理论的发展历程，集聚理论从三个视角解释了区域创新：①城市与创新；②区位选择与创新；③多样化与区域创新。

集聚理论关于"中心城市"的解释，提出了为什么存在一个中心城市的问题。城市和城市化（Urbanization）是集聚理论研究的一个重要流派，最早关注城市规模对生产效率的影响：城市规模每扩大1倍，整体的生产效率能够提升3%～8%（Segal，1976；Tabuchi，1986）。延续这个逻辑，21世纪以来的研究同样关注了城市规模对创新的影响。贝当古等（Bettencourt et al.，2007）发现，大都市区的创新者数量不成比例地超出小城市，并且产生了更多的专利，暗含的经济意义是，创新活动的收益是城市规模的递增函数。当然，研究还未能解释的是，究竟是大城市吸引了创新者，还是大城市促进了创新者的显现。

集聚理论关注的一个重要视角是城市内的具体区位（localization）选择。19世纪马歇尔（Marshall，1920）在解释同一产业内的企业在某个区域内聚集的现象时，就考虑到了这个因素。消费者与供应商在区域内的生产联系、高度专业化的本地劳动力市场，以及有效的信息交流，共同解释了同一产业内集聚的外部性。这一理论侧重专业性对于集聚的意义，也成为后来区域创新研究的一个重要基础，即专业化促进了创新。

与马歇尔的发现不同，雅格布斯（Jacobs，1969）指出，多样化的集聚能够促进地区创造力水平的提升，是经济发展的重要外部投入。在雅格布斯外部性理论的框架下，经济增长可以理解为不同生产部门的知识作用于生产过程，进而直接促进了全要素生产率的提升（Ellerman，2005）。那么，集聚对于创新的影响是基于本地专业化还是多样化？对于哪种外部性影响了当地的创新活动，不同的研究有着不同的发现。在一些研究中，雅格布斯外部性成为影响知识溢出过程的决定性因素（Feldman and Audretsch，1999）；而卡佩罗（Capello，2002）的研究发现，马歇尔外部性和雅格布斯外部性同时在知识溢出的过程中显著。

集聚理论通过以上三个重要视角，解释了某些区域的创新水平高于另一些区域的问题。但这些研究主要依赖于某个特定空间尺度下的加总数据。一些观点开始反思，即便研究假设具有统计学意义的显著性，但在某个区域验证有效的结论和发现，是否在其他区域具有普适性值得研究（Scott，2006）。因此，在对区域创新研究的过程中，既要考虑当下的经济变量，也要考虑区域的历史因素。由此研究者们由单一、静态的外部性的研究，转向对同一区域或不同区域间的动态比较。

除此之外，集聚理论研究的对象也发生着变化。一直以来，集聚的外部性是基于一定的产业背景发挥作用的，区域创新是基于产业的创新产出。20世纪初，杰夫等指出（Jaffe et al.，1993），某些产业的创新活动较另一些产业更为集中，是与这些产业本身的属性密切相关的。"产业/企业—集聚—创新"成为许多理论尝试解释的现象。一般从理论上看，某个区域的经济增长和效率提升的优势来源可以概况为两个方面：①集聚效应（Marshall，1920；Jacobs，1969），即通过吸引企业、人口在某个区域内集聚，进一步带来知识溢出和其他集聚外部性。②选择效应（也有学者将其称为竞争效应），即由于市场竞争导致的优胜劣汰，使得区域内所存在的企业实际上是竞争选择的结果，而不是一般意义上随机的企业"扎推"现象。除此之外，还有学者（Martin et al.，1995）基于异质性企业生产率的差异进一步提出了分类效应，即不同生产效率、不同类型的企业在不同的区位聚集，高效率企业倾向于选择中心区。尽管学者们从理论上提出了许多不同的效应，但从实证的角度看，无论是基于梅利茨等（Melitz et al.，2008）提出的异质性企业模型，还是以马丁等（Martin et al.，1996）为代表的自由资本模型，对于同一区域经济增长和比较优势的来源事实上存在着争议。

在随后的研究中，以奥塔维亚诺和皮内利（Ottaviano and Pinelli，2006）为代表的学者指出，新经济地理在研究区域问题时，是从市场的角度，而不是从非市场的角度做一般均衡分析的。集聚的形成不仅受到诸如区位优势、市场环境、人才素质、产业链等因素的影响，还要受到其所在区域的历史文化、社会观念等非正式制度的影响。以我国温州和台州两个地区为例，作为没有历史背景的产业集聚和专业化的典型代表，企业家的诞生和集聚在温州当地形成了温州模式；在此基础上，基于亲缘关系的企业家的再次集聚则将温州模式复制到意大利等其他国家（梁琦，2004）。企业之间的产业关联往往是建立在企业家社会网络基础上的（Bazan and Schmitz，1997；Humphrey and Schmitz，1998）。产业集群的诸多特征，包括本地化的生产网络、融资渠道、企业之间，及企业和其他组织之间的合作构成区域系统等，本质上都是企业家的链接（Isaksen，1998）。企业家之间的互信关系，不仅是建立产业关联的基础，更能够有效地降低企业之间的交易成本（Gulati，1999）。因此，企业家的集聚成为探索和研究集聚问题的一个新视角。

2.3 知识溢出理论与区域创新

索洛（Solow，1957）在经济增长模型中，发现了不能被物质资本积累所解释的剩余，开启了学术领域对知识的关注和探索。库兹涅茨（Kuznets，1962）通过对发明本质的研究，发现了知识在发明过程中的重要作用，尤其是不能被编码的隐性知识对于创新的产生有重要的价值。而区域内知识中的很大一部分是通过知识溢出实现的，即在对知识的创造者没有直接激励，或知识本身不直接带来价值的情况下，通过信息交流等方式带来的智力收获（Caniels，2000）。

在"知识—创新—经济发展"的研究脉络下，学者们首先达成共识的两点基础认识是：首先，创新活动具有区域属性（Feldman，1999；Moreno et al.，2005）。其次，知识仅限在一定的地域内流动（Jaffe et al.，1993；Branstetter，2001；Maurseth and Verspagen，2002；Sonn and Storper，2008）。知识在一定空间内的"黏性"主要源于三方面原因：第一，知识一定是基于某些物质的载体而存在的（Nelson，1990）。第二，知识的传播过程是知识拥有主体与寻求主体交互的过程；然而，由于某些信息的寻求者缺乏"吸收能力",而限制了知识在一定范围内的传播(Cohen and Levinthal,1990)。第三,知识传播是有成本的,无论是在组织内部还是不同组织间的传播,不同的组织结构都将影响知识的传播范围(Katz and Allen,1988)。阿克斯等(Acs,1992,Acs,et al.,1994)、费尔德曼(Feldman,1994)以及奥德兹和费尔德曼(Audretsch and Fledman,1996)通过美国中小企业管理委员会的商业创新数据,测算了空间意义上的知识溢出,实证结果显著表明知识溢出存在空间属性。学者们将这种局限于一定空间范围内的知识溢出现象称为本地化的知识溢出(Breschi and Lissoni,2001)。本地化的知识溢出对于创新的重要作用,使得其成为解释区域创新水平差异的一个重要视角。

学者们很自然地开始关注不同地理距离如何影响知识溢出,进而影响创新等问题。对于影响创新最重要的隐性知识传播而言,面对面交流一直被认为是最好的传播方式(Gertler,2003)。因此,很自然的,原本知识存量越丰富的地区,创新产出和绩效也越高。尽管目前已经有许多虚拟的即时通信软件,但许多隐性知识依旧无法远距离传播。这也从另一个侧面证实了创新为什么集聚于某些区域。

鉴于隐性知识传播的特性(Ellison and Glaeser,1999),学者们认可地理距离对于知识溢出及创新的影响,但单纯的地理距离概念不足以解释知识溢出及区域创新的差异。距离是一个多维度的概念,创造本质上是人的行为,因而,从创造主体的认知角度出发,文化距离、心理距离、社会距离等不同维度的距离会影响知识的传播与扩散,进而造成不同区域创新水平的差异,21世纪以来的研究主要关注这一问题(Nooteboom,2000)。如果主体间的认知距离很大,那么不同的观点交锋,是否更能促进创新;相反的,如果主体间的认知存在相似性,那么知识溢出过程创造的增量就会非常有限,甚至主体间的认知距离相近会造成不必要的竞争(Frenken et al.,2007;Boschma amd Iammarino,2009)。从创新结果的角度出发,是否存在一个最佳的认识距离,以实现最佳的创新产出?

对不同类型的知识溢出的研究源于格里利兹(Griliches,1979)。格里利兹将知识溢出分为两大类：一类是物化的知识溢出，即基于商品交换过程中所产生的知识溢出。在这个过程中，知识是具有排他性和竞争性的。而另一类则是在研发过程中产生的纯知识溢出。在这个过程中，知识具有公共品的属性（Arrow，1962），能够在同一时间被不同的使用者开发、使用。站在更近的视角审视纯知识溢出，学者们发现市场机制对纯知识溢出外部性的影响有着重要的调节作用（Geroski，1995）；由此，一个可能的解释是金钱外部性在对当地创新水平的影响中发挥了更加重要的作用（Breschi and Lissoni，2001）。

知识溢出理论从不同的视角出发，试图研究影响区域创新的具体机制。克鲁格曼（Kruglman，1991）指出，知识的流动是不可见的，因此测度知识溢出是研究知识溢出机制所面临的第一个挑战。从不同的研究方法出发，知识溢出形成了不同的研究流派。杰夫等指出（Jaffe et al.，1993），知识溢出有可能是有迹可循的。除此之外，专利引用，不仅是知识溢出的近似指标，更提供了了解知识流动过程的一个视角（Jaffe et al.，2002）。基于学者杰夫、特拉坦伯格和亨德森（Jaffe et al.，1993）于1993年共同提出的JTH知识生产模型，学者们采用美国专利引用数据（NBER US Patent Citations Data File）说明了知识的确具有区域属性，以及本地化的知识溢出对创新具有重要的作用（Almeida，1996；Hicks et al.，2001；Sonn and Storper，2008）。杰夫等（Jaffe et al.，1993）的研究基于美国专利与商标局较为宽泛的行业划分，汤普森和基恩（Thompson and Kean，2005）则使用了更加细致的行业划分数据，发现在国家内的不同区域间，专利引用对创新产出的结果并不显著。当然，基于专利引用的分析仅局限于纯知识溢出的分析；此外，专利本身也只能衡量技术领域的创新，那些没有或无法进行专利申请的其他形式的创新，则无法在研究中体现出来。尽管对专利引用分析的方法存在争议，但不可否认的是，迄今为止，在研究知识溢出与区域创新的过程中，它仍然是重要的分析工具。

除了专利，另一些研究者开始关注人的移动。相较于专利引用的分析框架主要关注可以被编码的部分，以人作为研究视角的创新研究关注了以往研究中被忽略的隐性知识。隐性知识包括人的经验、技巧，事实上是与人不可分割的（Cook and Brown，1999）。从这个角度出发，研究者通过人的移动，特别是高技能劳动者的空间移动测度知识溢出。扎克和达朗贝尔（Zucker and Darby，1998）的研究发现，科学家的集聚直接导致同一地点的新企业的集聚。阿尔梅达和科古特（Almeida and Kogut，1997）通过对半导体行业专利持有人的追踪研究，发现他们的空间移动直接影响了知识的转化，进而直接影响了区域的知识溢出。

由于人的移动而形成的创新产出，到底是因为知识溢出，还是因为知识移动，有学者对此产生了质疑。基于高技能劳动者、科学家的空间移动产生的创新，受到的质疑来自其出发点本身：创新在一定的组织环境中（如企业）产生，而不是仅依靠个体移动带来的知识移动。特别是那些有过创新产出的公司，其创新流程与组织是成熟的，因此在公司内部存在创新的路径依赖。其研究者发现，当公司内部存在创新路径依赖时，其对外部知识的获取与接受度都比较低。在这种情况下，高技能劳动者的移动并不能显著提升创新成果。宋等学者（Song et al.，2003）观察了一批工程师的移动，发现这些工程师加入新公司后并不能将原有组织的知识和经验输出，特别是当新公司的核心知识与这些工程师的领域高度一致时。针对这些高技能劳动者的竞业禁止条款同样隐形了知识溢出的质量与方向（Stuart and Sorenson，2003）。

对于高技能劳动力而言，他们已经适应了迁出地约定俗成的工作方式，因此在跨区域的移动中，仅依靠高技能的劳动力个体是无法显著提升区域创新产出的。在聚焦于硅谷的研究中，研究者发现企业家是知识溢出的重要渠道，进而影响着区域创新水平。斯坦福大学通过企业家实现了自身知识的溢出。尽管斯坦福大学本身没有校办企业，但与其相关的高科技企业超过1 000家。这些企业家一部分来自校园，是知识溢出最直接的载体；另一部分，通过发挥企业家才能，整合了高校的人才，将原有的知识存量与市场观念相结合，促进了知识的创新转化（Rajshree et al.，2014）。佐尔坦等（Zoltan et al.，2009）认为，企业的诞生和知识溢出存在相互作用的关系。一方面,新企业的诞生有助于促进区域内的知识溢出,并在这个过程中吸引其他资源在企业所在的区域内积聚;另一方面,知识溢出对企业的诞生同样有重要的促进作用。

知识溢出的部分研究成果见表 2-2。

表 2-2 知识溢出相关研究的梳理

切入点	具体溢出类型	代表学者	时间(年)	对区域创新的影响
以不同的距离类型为切入点	基于地理距离的知识溢出	杰夫等（Jaffe et al.）	1993	随着地理距离的增加,知识溢出的实现难度进一步加大。由于地理距离的增加,人才的接触频率降低,因此,许多面对面的交流需要付出更高的成本,进而阻碍了隐性知识外溢和创新的产生
		安得林（Anselin）	1997	
		毛斯特和符斯巴根（Maurseth and Verspagen）	2002	
		罗森塔尔和斯特兰奇（Rosenthal and Strange）	2008	
	基于认知、文化、心理等距离维度的知识溢出	阿格拉瓦尔（Agrawal）	2002	社会资本能够促进知识溢出。社会关系网络能够促进知识扩散的速度和广度,增强企业和所在地区的创新能力
		弗伦肯等（Frenken et al.）	2007	
		亚马里诺（Iammarino）	2009	
以不同类型的知识溢出为切入点	物化知识溢出	格里利兹（Griliches）	1979	首次提出基于商品的物化知识溢出与纯知识溢出两种不同类型的知识溢出
	纯知识溢出	杰夫等（Jaffe et al.）	2000	区域贸易模式,特别是国际贸易对知识溢出产生影响
		杰罗斯基（Geroski）	1995	市场机制对纯知识溢出外部性的影响有着重要的调节作用
		布鲁斯基和里索尼（Breschi and Lissoni）	2001	
以对知识溢出不同的测度方法为切入点	以专利衡量的显性知识溢出	杰夫（Jaffe）	1989	区域内某个技术领域的专利申请情况与该地区的 R&D 活动相关
		杰夫等（Jaffe et al.）	1993;2002	专利引用是知识溢出留下的痕迹,通过专利引用研究知识溢出和区域创新
		希克斯（Hicks et al.）	2001	
		索恩和斯托尔珀（Sonn and Storper）	2008	

续表

切入点	具体溢出类型	代表学者	时间（年）	对区域创新的影响
以对知识溢出不同的测度方法为切入点	以人力资本移动衡量的隐性知识溢出	扎克和达朗贝尔（Zucker and Darby）	1996	生物制药行业科学家的移动和集聚对创新的影响
		阿尔梅达和科古特（Almeida and Kogut）	1997	半导体行业专利持有的集聚影响区域的知识溢出与创新
		宋等（Song et al.）	2003	工程师的移动与集聚对区域创新有显著影响
	其他方法	毛斯特和符斯巴根（Maurseth and Verspagen）	2002	构建地区间指数反映技术关联程度，进而测度知识流动和溢出
以知识溢出的不同主体为切入点	通过科研机构的知识溢出	毛斯特和符斯巴根（Mauresrth and Verspagen）	2002	高等院校、相关科研机构及企业的研发部门是知识的拥有者和创造者，他们与主体的交流及活动为知识溢出提供了便利
		夏洛特和杜兰顿（Charlot and Duranton）	2004	
	通过劳动力流动的知识溢出	扎克（Zucker）	1998	知识的溢出和创造需要合理的人员流动
		阿尔梅达和科古特（Almeida and Kought）	1999	
	通过企业家的知识溢出	比德（Bhide）	2000	企业合伙人分家或员工离开原单位创办新公司等企业衍生行为，新企业往往与原有企业在人员、技术、生产等环节有联系，可以加速人员流动和隐性知识的溢出转化
		拉杰什里（Rajshree）、埃查巴迪和埃普丽尔（Echambadi and April）	2004	
		佐尔坦（Zoltan）	2009	

2.4 本章小结

对以往研究开展梳理的重要前提是对文献进行有效的索引。在对具体的研究观点进行小结前，首先对所引用的文献进行了总结和审视。从时间看，本章所引用和涉及文献的时间跨度由 20 世纪 30 年代初至 21 世纪 10 年代末，既涵盖了区域创新、产业集聚的经典文献，也包括了相关领域最新的研究动态。从梳理研究成果所属的研究领域看，在对创新和区域创新相关研究的梳理中，本章以区域创新研究鼻祖库克的文献及其相关文献为基础，梳理了不同空间尺度下的创新研究。在对集聚理论的研究汇总中，重点关注了以新经济地理、"新"新经济地理为基础的集聚理论对区域创新的解释。除此之外，基于知识与创新的紧密关系，分析了集聚过程中不同类型的知识溢出对区域创新的影响。

在20多年的研究中，经济地理学家们达成的一个共识是，创新活动具有很强的区域属性。学者们开始在不同的空间范畴下研究和思考影响创新的因素。区域创新系统理论从一个更为综合的视角出发，抽象了对于区域创新有影响的主体，并研究了主体之间的分工与关系。在区域创新中，企业、高校、科研机构、各类中介组织和地方政府组成了区域创新的五大行为主体，各有分工，通力合作，共同实现区域的创新目标。在这些行为主体中，企业是整个区域创新体系最活跃、最核心的部分。

学者们对不同区域下创新的研究经历了一个不断微观化的过程：从开始以国家为出发点的创新研究，到越来越关注城市、社区的创新构建。这种研究尺度的变化反映的是以美国为代表的市场机制，以及以中国、新加坡模式为代表的自上而下的创新模式的比较。随着创新理论的发展，学者们意识到只有回归到创新发生的真实区域单位，才能有效地了解影响创新的真正机制。

基于以往的研究，本书选择将城市作为研究的空间视角及对区域的定义，因为在特定城市的空间尺度下研究区域创新能够解决以往研究的两大问题：①特定城市具有显著的产业特征，使创新研究与产业集聚理论实现了一定程度的对话；②即便在同一个国家内部不同区域的发展水平也存在巨大差异，这种差异性导致结果不具有普适性。

不同于对创新过程的微观分析，区域创新是以新经济地理学为基础，在空间视角下对创新问题进行的相关研究。集聚理论最早从区域视角对创新进行阐释。集聚理论在解释同一产业或不同产业内的企业为什么在空间上集聚的同时，也解释了这些效应对创新带来的影响。这些影响包括城市发展对创新的促进、区位选择对创新的影响，以及多样化对创新的影响。

集聚理论对外部性进行了充分的探讨和研究，虽然其研究的对象主要是产业和企业，在一定程度上缺乏对社会关系、历史文化等非市场因素的考虑，但这些理论为进一步从企业家集聚的视角阐释区域创新奠定了基础。尽管已经有研究开始关注企业家在产业集聚中的作用，但目前的研究仍然以产业集聚研究为主。在以企业家为视角的研究中，已经有一些研究关注到企业家的集聚问题。这些关注首先来自一些国际经济组织注意到集聚对于公司绩效、区域经济发展，以及国家整体竞争力的影响，因此将集聚，特别是企业家的集聚作为区域经济发展的重要政策工具（Enright and Williams，2001）。

知识对创新而言具有重要的作用，不同主体之间的知识溢出与所在空间有着密切的联系。这些研究从更本质的维度，即知识及其传播的属性，进一步验证了创新的空间属性。对于知识是如何在区域内进行传播的，学者研究了不同主体之间的传播机制。不论是人的移动、专利的引用，还是其他维度对知识溢出的测度；也不论是科研机构、高校、技术人员哪一种主体，都不足以解释区域创新。知识溢出理论对我们的启示是，尽管企业常被认为是创新的重要主体，但是产生创新所需的资源又不局限于企业内部，因此整合资源的企业家成为越来越被关注的知识溢出的渠道和主体。

基于已有研究，我们得出三个重要的结论：①城市是研究区域创新的重要空间尺度。不同于其他空间尺度下对区域创新的研究，城市是创新发生的重要空间，城市为创新要素之间的交流、学习提供了重要的空间基础。无论从区域创新理论还是从集聚理论出发，城市都是目前区域创新研究的趋势所在。②企业家在区域创新的过程中发挥着重要的作用，不同于以往产业集聚以企业作为研究视角，企业家的集聚是研究区域创新的新视角，同样也是目前知识溢出理论发展的新方向。③在空间视角下，不仅应该关注区域内的创新，在市场化不断深入发展、区域一体化不断深化的今天，更应该关注区域之间的互动和影响。

3 企业家集聚的定义与测度

企业家集聚的概念是由奥德兹（Audretsch，1996）在《企业家的知识溢出理论》（*The Knowledge Spillover Theory of Entrepreneur*）中首次提出的。观察到企业家活动总是集中分布在新知识诞生的区域，如大公司的研发中心和高校的研发中心附近，奥德兹提出了企业家集聚的概念，并将其作为知识溢出的重要渠道，由此解释某些区域创新活动活跃的经济现象。2010年，哈佛大学经济学家格莱泽等发表文章《创业集群》（*Clusters of Entrepreneurship*），对企业家活动的收益进行了计算，并从企业家活动收益的视角，解释了企业家活动的空间分布不均问题。这些概念的出现体现了企业家在经济发展过程中日益受到重视。

本章试图回答两个问题：①如何定义企业家集聚？②如何测度企业家集聚？两个问题一个基于企业家理论和集聚理论，采用文献分析的方法，从定性的视角对企业家集聚的概念进行挖掘；另一个从定量的角度对概念的数字化进行分析。

为了更加严谨地进行定义，本书做了三方面的努力：第一，从企业家集聚涉及的要素入手，分别对构成企业家集聚的企业家和集聚概念进行了定义。第二，对可能引发歧义的相关概念进行了辨析，如企业家集聚与企业集聚、企业家集聚与区域企业家、区域企业家精神等概念。第三，以相关经济理论发展的脉络，联系已有理论，纵向地对企业家集聚出现的必然性以及目前企业家集聚的研究进展进行梳理。

企业家集聚的测度存在两方面的问题有待进一步说明：第一，集聚有许多不同的测度方法。从定义上看，集聚一直都是一个相对宽泛的概念。

不同的空间尺度上、不同类型的经济要素都可以形成某种集聚。对集聚的定义和测度随着集聚研究层次和研究对象的变化而变化。第二，尽管企业家作为个体的测度是相对准确的，但在区域层面，企业家有着不同的含义和测度方式。从目前已掌握的文献看，国外学者主要通过自我雇佣率（Beugelsdigk，2004；Glaeser，2007）、人均新企业数量（Moradi，2011）、中小企业数量（Glaeser，2007）等指标衡量区域企业家情况；国内学者普遍通过私营企业的数量测度不同地区企业家的分布情况（张晖明等，2008；朱乾，2009；陈刚，2015）。一方面，私营企业数量、自我雇佣比例等指标测度的企业家与企业家理论的发展是脱节的。企业家不仅是新组织的创造者，更是能够整合资源、承担风险的角色。另一方面，这些测度方式本质上反映的是组织意义上的企业家，而非真正个体意义上的企业家。

3.1 企业家集聚的定义与内涵

3.1.1 企业家

作为研究对象，企业家进入学者们的视野已有超过200年的历史。学者们通过发现和归纳企业家不同于其他岗位的角色对企业家进行定义。从整体看，学者们对企业家的认知深化过程体现在对企业家角色的认知从简单的套利者（Cantillon，1755）到更为综合、全面的认知（如图3-1所示）。

从经济学的角度看企业家定义的发展，不同的学派对企业家有着不同的定义和理解。随着工业革命的开展，企业家阶层逐渐壮大，但在古典经济学时期，企业家并未获得足够的重视。斯密的理论以自由主义为中心，强调自由竞争、完全信息，因此企业家的管理决策和配置资源的诸多价值并没有被充分挖掘。相反，在这个时期，企业家的角色更类似于与工人、地主相对的资本家，企业家的收入也并未和资本家的收入区分开。新古典时期，马歇尔（Marshall，1890）通过市场不均衡中企业家发挥的作用定

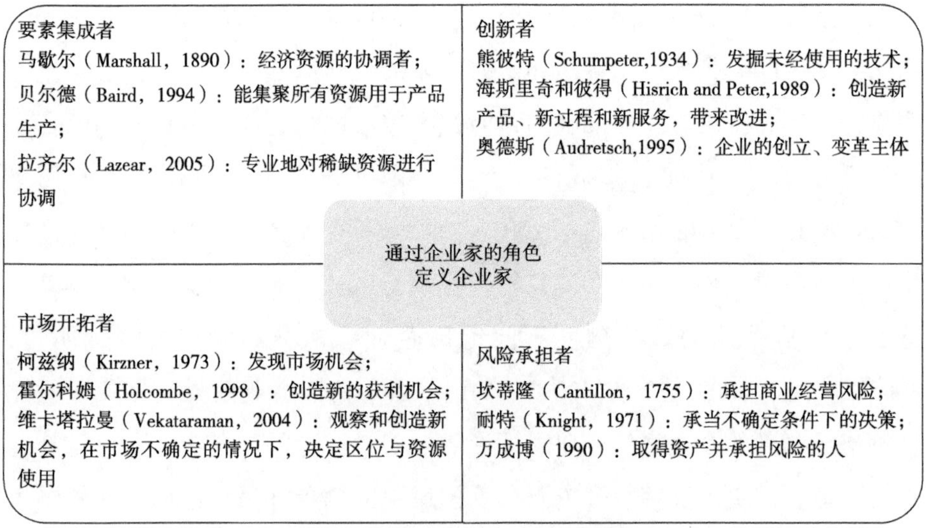

```
要素集成者                                    创新者
马歇尔（Marshall, 1890）：经济资源的协调者；    熊彼特（Schumpeter, 1934）：发掘未经使用的技术；
贝尔德（Baird, 1994）：能集聚所有资源用于产品  海斯里奇和彼得（Hisrich and Peter, 1989）：创造新
生产；                                        产品、新过程和新服务，带来改进；
拉查尔（Lazear, 2005）：专业地对稀缺资源进行   奥德斯（Audretsch, 1995）：企业的创立、变革主体
协调
                    通过企业家的角色
                      定义企业家
市场开拓者                                    风险承担者
柯兹纳（Kirzner, 1973）：发现市场机会；         坎蒂隆（Cantillon, 1755）：承担商业经营风险；
霍尔科姆（Holcombe, 1998）：创造新的获利机会；  耐特（Knight, 1971）：承当不确定条件下的决策；
维卡塔拉曼（Vekataraman, 2004）：观察和创造新  万成博（1990）：取得资产并承担风险的人
机会，在市场不确定的情况下，决定区位与资源
使用
```

图 3-1 不同角色的企业家定义的梳理

义企业家，认为企业家是企业组织的"协调者、中间商、创新者和不确定性的承担者"。他打破了原有古典经济学中"工人-工资""土地-地租""资本-利息"的框架，将"企业家才能-利润"作为其分配理论的重要部分。新古典时期诞生了后来受到最多影响和关注的熊彼特（Schumpeter, 1934）的企业家理论。在他的研究中，企业家被定义为"实现新组合"的创新者角色，无论是"新产品、新服务、新材料、新方法、新市场还是新的组织形式"。这个定义不仅系统地强调了企业家创新者的角色，更将企业家当成生产函数形式本身，抓住了企业家用新的方式"组合"稀缺资源的核心。然而，熊彼特对于企业家的定义存在着某种理想主义色彩。熊彼特认为，企业家本身的创新行为是可以创造不均衡的，企业家在市场从均衡到不均衡的过程中获得利润。德鲁克和马洽列洛（Drucker and Maciariello, 2014）对企业家的定义和熊彼特有着相似性。德鲁克等对比了麦当劳和"夫妇俩在美国的某郊区开了一家熟食店或一家墨西哥餐馆"，他认为后者并没有创造"新的满意点"，也没有"增加新的消费要求"，因此称不上企业家。对企业家的这些定义背后体现的一个基本内涵是，设立组织只是企业家的一个基本角色，并不能够成为定义企业家的标准。无

论是学者还是其他社会群体，都对企业家的角色有着更高的期待。

在经济发展过程中，熊彼特意义上善于发现和利用新的科技知识的企业家的确存在，但也同样存在着利用市场的不均衡和不对称，进行套利的行为。这在我国渐进式改革开放的过程中尤为显著（吴晓波，2007；张维迎，2015）。对于这一现象，学者谢恩和维卡塔拉曼（Shane and Venkataraman，2000）提出了一个更加综合的框架定义企业家。他们认为，熊彼特强调了企业家和企业家精神中创新的部分；与此同时，还应该从"发现机会"，从而进行"市场套利"的角度认识和定义企业家和企业家精神。他们对企业家定义和分析的框架是对熊彼特和奥地利学派观点的综合（曾铖和李元旭，2017）。

随着企业家管理才能受到认可以及越来越多的现代企业制度代理问题的出现，经济学家开始从产权、契约和交易费用等视角审视企业家。德姆塞茨（Demsetz，1983）在团队生产过程中，将企业家定义为监督者。莱宾斯坦指出（Leibenstein，1978），企业家的职能在于克服组织中的X低效率。尽管新制度经济学通过产权理论，在前所未有的高度上将企业家纳入了主流的经济学均衡分析框架中，但在具体地对企业家定义的过程中，还需要具体考虑的问题是，是否组织中所有发挥了创新和创造功能，或能够发现套利机会的那些人都能够称之为企业家？耐特认为（Knight，1971），企业家获取经济剩余的原因在于正确的决策，因此企业家的核心在于不确定问题的决策。这是研究中第一次将企业家与"面对不确定性无能为力"的管理者区分开来。高德纳（Gartner，1985）则更加直接地回应了企业家与一般管理者的区别：企业家能够创造组织，而一般管理者则不创造组织。

企业家的定义不断随着人们对于经济生产的认识而丰富，不同的研究学派对企业家有着不同的认识。结合我国的经济发展实践，基于对以上研究的梳理，本书认为，企业家应该是创造了新的组织，能够集聚和配置资源，承担风险并且实现了某些创新的那部分人。一方面，那些组织的创始人中，只有真正集聚和配置资源、承担风险的那一部分才能被称为企业家，从而确保将企业家的企业与一般意义上的组织区别开来。另一方面，定义将经营过程中出现的企业的高级管理者纳入企业家的范畴中。

由于entrepreneurship这一概念本身也蕴含了企业家精神的含义，我国存在企业家精神与企业家混同使用的情况。事实上，企业家精神就是企业家在其核心角色实现的过程中，体现的与众不同的精神气质。企业家精神凝聚在企业家群体的身上。近年来，创业、创新成为研究的重点，基于创造组织的企业家的定义，对其测度有了更加具体、可行的标准，但也在某些语境下造成对企业家与创业者的混淆。创业家特指在企业从零到一、从无到有过程中发挥作用的群体。事实上，创业家在创办企业的过程中，体现出其承担风险、整合资源的特质。研究认为，创业家是企业家的一个子集，是企业家成长的早期阶段。

3.1.2 企业家集聚的定义

首先，从集聚入手定义企业家集聚。在新经济地理学、城市经济学或区域经济学的定义中，集聚一直以来都是一个相对宽泛的概念，不同的空间尺度上、不同的经济要素都可以形成某种集聚。对集聚的定义随着集聚研究层次的变化而变化。在对集聚的研究过程中，霍恩（Hoen，2001）将集聚（cluster[①]）的概念分为微观层、中观层和宏观层。其中，微观层是指企业的集聚，中观层和宏观层是指在不同的空间尺度下（城市和国家）产业的集聚。马丁等（Martin et al.，2003）从国家、区域、地方三个不同的层次，区分了三种类型的集聚：基于国际贸易产生的、国家范围内的产业集聚；在一个高度空间限制区域内的相关产业的临近企业组成的地方性集聚；不同地方间的区域性集聚。无论哪个层次的集聚，定义本质上代表的是要素空间上的邻近。

[①] "集聚"一词对应的英文有"cluster"和"agglomeration"两种，尽管存在一定程度上的混用，但从基本含义出发，二者有着细微的差别。其中，"agglomeration"相对强调微观的集中，如城市中人的集聚，而"cluster"则强调某类型的事物或人的集聚，集聚的过程相对应的用"clustering"表示。基于格莱泽等（Glaeser et al.，2010）的研究和本书对企业家集聚的理解，本书统一采用"cluster"作为所定义的"集聚"的对应英文翻译。

从产业集聚理论看，在产业经济学中，集聚通常代表的是产业集聚。马歇尔（Marshall，1890）最早将集聚定义为制造某种类型的产品或服务的一类"企业"在地理上的"靠近"，这一定义也被后来的许多学者所接受（Arthur，1990；Sorenson and Audia，2000）；包括波特（Porter，1990）在内的学者在后来的研究中，实际上也遵循了这样的思路，将产业集聚定义为某一些相互关联的企业在地理上的接近。在区域经济学中，某种要素的集聚一般意义上被理解为在特定地理空间单元上体现出来的集中现象（Duranton and Puga，2004；Duranton and William，2015）。

从对于集聚的理解以及不同理论对具体集聚研究对象的定义中，我们不难发现，空间或距离上的靠近是定义集聚的一个重要维度。不同学派对不同研究对象集聚定义的核心，在于研究对象在空间上的相近性。基于以上分析，本书认为，企业家的集聚是指企业家在特定空间尺度内的临近，表现了企业家活动无法脱离的区域属性。

3.1.3 企业家集聚的内涵

从空间视角看，企业家集聚的概念至少包含两个层面：①横向看，企业家集聚概念揭示了企业家活动空间分布的不均衡现象；②纵向看，企业家集聚的概念是学者们在产业集聚研究过程中，对产业集聚与企业家集聚二者关系的深入思考和认知。

在对已有研究文献梳理的过程中，虽然从集聚的视角对企业家的研究有限，但学者们对企业家活动空间分布不均的发现由来已久（Chinitz，1961）。进一步的研究揭示了企业家空间活动的分布不均并非随机产生的。研究者们开始尝试用承载企业家集聚的空间，城市的某些特质解释企业家活动的空间分布不均（Carlton，1983；Bartik，1985；Reynolds et al.，1994）。例如，奥德兹和弗里奇（Audretsch and Fritsch，1994）通过德国75个不同经济区的数据，发现企业家集中活动于人口稠密、人口出生率高的经济区。然而，受限于经济增长理论的发展，早期研究并没有将企业家作为某种生产要素纳入生产函数的框架中考虑。从企业家的角度考虑，企业家选择在不同区域活动的决策中涉及诸多方面。对这个问题的研究以戴维森为代表（Davidsson，1995）。戴维森研究的特色在于从企业家创业的决策过程出发。他认为，不同区域潜在市场规模的大小、区域内相关产业的发展程度，以及当地政府对企业家的政策支持等因素都是企业家进行区位决策的关键因素。随后的研究者在这个框架下，针对不同区域的企业家情况进行了实证分析，在这些因素的基础上，加入了更多产业经济学的视角。格拉瑟（Gleaser，2010）构建了包括企业家在内的城市经济模型，研究表明，区域环境影响企业家的区位选择。另一部分学者（Audretsch，2002；李向阳，2012）则从产业组织的视角出发，在产业竞争的框架下，将不同行业的进入壁垒、竞争激烈程度考虑在内，进一步解释不同区域企业家密度的差异。

学者们对于企业家的集聚与产业集聚之间的关系未达成共识，一直以来，二者的关系似乎发展成为某种"鸡生蛋"的问题。一种较为直接的观点是产业集聚促进了企业家的集聚。例如，可汗等（Khan et al.，2004）学者在分析纺织行业的集聚与企业家精神之间的关系时发现，产业集聚不仅能够带来新技术的快速扩散，而且当相似的企业集聚时，企业间抵御新技术使用风险的能力提升，因此提高了企业家的信心，促进了企业家集聚的形成。由于企业家难以测度，一直处在经济理论的边缘。因此，学者们习惯性地用企业的集聚作为产业集聚。但事实上，企业家本身就是在一定的区域环境中诞生的，因此与其说企业家的集聚与产业集聚相关，不如将其理解为当地的产业环境以及其他因素一起，在企业家和企业家精神的培育中起到了作用（Audretsch and Fritsch，2002）。

在对产业集聚形成和发展过程的分析中，学者们发现，企业家集聚是某个区域产业发展和集聚的开端。现有的文献对产业集聚机制的理论研究，并没有对形成集聚的企业来源进行区分，暗含性地假设了这些企业都是来源于集聚区域之外的。但现实的情况是，区域内的一部分初始企业中，不断有人力资本型员工离职创业，在当地创立新的同类企业，逐步形成当地的特色产业集聚。可以说，企业家是产业集群成长的初级行动团体

（王程和席酉民，2006）。从产业发展生命周期理论看，企业家挖掘新的商业机会的能力，是一个新的产业诞生和演化所需的最重要的能力。在产业集聚的形成过程中，企业家是一个非常重要的因素。若将企业的诞生作为产业集聚的基本要素，从企业家创业的角度理解，产业集聚事实上是企业家由于捕捉市场机会而不断涌现的过程（张小蒂和王永齐，2010）。柯兹纳（Kirzner，1973）认为，企业家区别于其他人的最重要特点在于能够敏锐地发现市场获利机会；谢恩和维卡塔拉曼（Shane and Venkataraman，2000）强调了企业家在开发商业机会方面的能力；维卡塔拉曼在其随后的研究中（Venkataraman，2004）将企业家在不确定条件下"决定资源使用"的角色，作为定义企业家的关键所在。从企业的创立过程看，企业家"创业"的行为，是以企业家自身为核心的要素集聚过程（Timmons，1985；Gartner，2004）。穆勒（Mueller，2006）从三个视角出发，归纳了企业家和企业家精神是如何促进产业集聚的。三个视角包括：①受过良好教育、拥有较强的人力资本的个体进行"自我雇佣"，由此形成产业集聚的开端；②企业家的社会网络和社会资本成为撬动产业集聚进一步发展的核心；③除此之外，企业家的学习和复制能力也是促进产业集聚进一步发展的关键。因此，企业家集聚概念的提出，代表了产业集聚的相关研究开始进一步思考更为根本的动力问题。

3.1.4 企业家集聚相关概念的辨析

由于企业家集聚与产业集聚（即制造某种类型的产品或服务的一类企业在地理上的靠近）、区域企业家、区域企业家精神、人力资本集聚等相关概念有相似之处，因此，在对企业家集聚的内涵进行分析后，对这些概念进行辨析。

企业不等于企业家，所以以企业为研究对象的产业集聚不等于企业家集聚。从某种特殊角度看，企业家才是企业的产品，而利润是其进一步的衍生。但并不是所有的企业都是企业家的企业。因此，企业家集聚不同于一般意义上以生产某种类型的产品或服务的企业，在地理位置上靠近定义产业集聚。本节对企业家的定义为，麦当劳与美国郊外的墨西哥餐馆，前者是企业家的企业，而后者只能被称为企业。因此，即便许多墨西哥餐馆或其他中小餐厅在空间地理意义上的集聚构成了产业集聚，却不能被等同于企业家集聚。简单地从企业与企业家的关系看，企业家集聚是企业集聚的子集。

除此之外，从产业集聚和企业家集聚的原因看，不同于产业集聚理论分析和研究已有企业的集聚，企业家的区域集聚不仅简单源于地区人力资本市场、消费者市场，以及知识溢出三个基于理性数理模型的经济原因（Marshall，1890；Krugman，1990）。"新"新经济地理学提出了所有企业中部分高效率企业在区位选择时的"自我选择"效应，而企业的自我选择本质上是以企业家为主体的区位决策过程。相较于新经济地理对企业家区位选择的研究，一些看似"非理性"的因素影响着企业家的区位决策。社会关系也深刻地影响着企业家的活动，不仅在于社会关系能够帮助企业家更有效地募集资金、招募员工，更影响了企业家会在什么样的时间和空间内活动。企业家最初做出经营活动决策的时候，很有可能并不能从集聚的经济效应中获益（Sorenson，2018）。

近几年，研究逐步提出了区域企业家、区域企业家精神（Fritsch，2014；张明晖和张亮亮，2008；张小蒂，2012）等概念。同企业家集聚一样，区域企业家及相关概念的提出反映了企业家活动空间分布的不均衡，但企业家集聚是区别于区域企业家、区域企业家精神的概念。但在实际的测算过程中，区域企业家、区域企业家精神是组织意义上的企业家，与企业家理论有所脱节，通过私营企业家数量、个体户数量等替代性指标，并不能很好地代表区域企业家真实的情况。与此同时，抽象、笼统的区域界定并不能够代表地理空间上的相近或特定地理单元上的集中。

除此之外，我们必须看到，从人力资本理论出发，企业家同科学家、工程师一样，都是对区域创新和发展有着重要意义的人力资本。尽管目前存在人力资本集聚或知识集聚的概念，但在知识创造和创新的语境中，要认识到探讨企业家集聚的特殊意义。知识经济本身具有高度不确定性

(Arrow，1962)。不确定性体现在两个方面：首先，不确定新的知识能否生产出新的产品；其次，不确定新的产品是否能被市场所需要。而企业家正是在两个不确定的过程中，集聚了资源、承担了不确定性的风险。因此，有必要独立审视企业家集聚在区域创新中的重要作用。

跳出经济学的理论框架，从社会学的角度思考，企业家集聚的概念接近社会学意义上企业家群体的概念。企业家集聚所代表的临近性内涵不仅局限于单一的地理临近，研究主体拓展到了组织间、区域间，甚至文化距离、亲缘关系的邻近。必须承认的是，企业家集聚的形成不仅受到区位优势、市场环境、人才素质、产业链等因素的影响，还会受到所在区域内的历史文化、社会价值观及社会关系等非正式制度的影响。波兰尼（Polanyi，1944）、格兰诺维特（Granovetter，1985）等学者关注到社会资本对于产业集聚的影响。研究发现，人们往往更倾向于在其出生或工作的地方创办新企业（Audretsch and Fritsch，1994，2002）。企业家最初进行经营活动决策的时候，很有可能并不从集聚的经济效应中获益（Sorenson，2012）。在中国的文化情境下，李胜兰（2007）认为，中国的商业文化自古就带有"传帮带""义气"的文化要素，传统的亲缘关系和地缘关系作为一种重要的非正式制度，是促进当地集群企业合作关系形成，推动集群发展的重要因素。

3.1.5 企业家集聚概念的合理性

中国自古以来就形成了基于地缘关系、血缘关系而形成的具有地域特色的商业团体，苏商、闽商、晋商、徽商、秦商、鲁商、粤商、宁波商帮和龙游商帮在内的中国十大商帮，在中国商业文明发展史上发挥了重要作用。以浙江省温州和台州两个地区为例，作为没有历史背景的产业集聚和专业化的典型代表，企业家的诞生和集聚不仅在温州当地形成了"温州模式"；在此基础上，基于"亲缘关系"的企业家的再次集聚，还将温州模式复制到意大利等其他国家（梁琦，2004）。

企业家集聚的概念本身不仅具有现实基础，同时也具有理论上的合理性，呼应了当前经济理论发展的两个方向。

首先，企业家本身被视作一种经济要素，被纳入现代经济增长研究的范畴。企业家的内涵被拓展到了区域层面，与经济增长理论的发展息息相关。随着内生经济增长理论的提出与发展，学术研究不仅对企业家社会角色在组织内部发挥的作用有了更加综合的认识，还将企业家视作一种特殊的生产要素纳入生产函数进行研究。但在以阿罗（Arrow，1962）为代表的学者认知中，企业家是与"变革"相关的存在，其活动不像研发投入产出那样可以量化（Wong et al.，2005），因此，尽管知识经济不断发展，但是企业家依旧作为经济增长的外生变量，在经济增长中处于边缘地位。企业家作为外生变量被纳入经济增长模型，解释了原有的要素投入中无法解释的增长部分（即索洛剩余），而外生增长模型的起源恰好源于熊彼特对企业家与创新的观察：许多创新过程在大企业中发生，最终成为经济增长的起点和源泉。虽然后来的研究对熊彼特式大企业的企业家与小企业的企业家展开了激烈的讨论，但外生增长理论的出现克服了传统的新古典经济增长理论的诸多问题（Wennekers and Thurik，1999；Porter，2000）。墨菲（Murphy，1991）较早将企业家包括在人力资本中，说明不同地区人力资本的差异影响区域经济的差异。阿斯莫格鲁认为（Acemoglu，1995），只有对机会具有敏锐的洞察力并加以运用的企业家，才能产生具有价值性的行为。区域层面对企业家的研究主要集中在企业家的区域分布差异对经济的影响上，以经济增长作为研究的落脚点（Malecki，1993；Van Praag，2007）。学者们也因此逐步提出了诸如区域企业家、区域企业家精神的概念。雷诺等（Reynolds, et al.，1999）经济学家尝试构架企业家与经济增长理论实证间的桥梁。通过广义最小二乘矩阵的方式，企业家在经济发展中的作用被验证后，有许多不同地区的实证研究验证了企业家对经济增长不同方面的作用。阿克斯（Acs，2006）从实证的角度总结了企业家精神的衡量方法，以及与就业、经济增长等的关系。

其次，企业家集聚代表了在产业和区域经济发展的理论框架下审视企业家的价值。当前，企业家活动空间分布不均还未与系统性的经济学理论框架（如集聚经济学和知识溢出理论等）相联系。但不可忽视的是，企业家集聚是产业集聚的开端。除此之外，企业之间的产业关联是建立在企业家社会网络基础上的（Bazan and Schmitz, 1997; Humphrey and Schmitz, 1998）。产业集群的诸多特征，包括本地化的生产网络、融资渠道、企业之间及企业和其他组织之间的合作构成区域系统等，本质上都是企业家的链接（Isaksen, 1998）。企业家之间的互信关系，不仅是建立产业关联的基础，更能够有效地降低企业之间的交易成本（Gulati, 1999）。探索和研究产业集聚的另一个视角，是企业家的集聚。原有的集聚理论中关注运输成本与规模经济的逻辑更加适用于传统制造企业。随着知识经济的盛行和服务业在经济中所占比重的不断提升，对于企业家和企业家所代表的人才要素在新经济中的作用，是当前集聚经济需要考虑的。

基于以上分析，从产业集聚理论发展的趋势看，对企业家集聚问题的研究是产业集聚研究的前沿。

3.2 企业家集聚的测度

参照产业集聚的测度，企业家集聚的测度在整体上要先回答的问题是如何测度区域内的企业家。基于对企业家的定义，要客观地判断一个人是不是企业家，在区域范围下的大样本研究中看似不具有现实操作的可能性。但事实上，企业是企业家活动的载体，企业的相关指标是验证相关人员是否构成研究所定义的企业家的唯一标准。因此，本书将企业家的测度分为两个部分：其一是基于企业家的理论定义，从所有企业中，筛选出"企业家的企业"；其二是在企业家的企业内部，将企业家与一般意义上的管理人员区分开来。在实现了对企业家的测度后，梳理了以往研究中所有集聚测度的方法，基于本章的定义，选取了合适的测度企业家集聚的指标。

3.2.1 区域内企业家的测度

国外的研究较多地将创业活动等同于企业家，对中小规模企业的研究较多。国内在区域层面对企业家、企业家精神及企业家资本的研究，主要以省、自治区和直辖市为研究的基本单位。在我国的研究语境下，这些研究主要以工商登记的私营企业数量和个体工商户数量代表所在区域的企业家和企业家精神的情况。表3-1梳理了已有研究中不同企业家测度的方式。

表3-1 已有研究对企业家测度的方式

学者	发表年份	指标
格莱泽等（Glaeser et al.）	1992	小规模企业数量
奥德兹和弗里奇（Audretsch and Fritsch）	1994	新创办的企业数量占比
科图姆和勒纳（Kortum and Lerner）	2001	不同的行业风险投资金额代表该行业企业家活动强度
萨米拉和索伦森（Samila and Sorenson）	2011	不同城市的风险投资金额代表该城市企业家活动强度
基纳约利（Gennaioli）	2012	区域内自雇比例
杨勇、朱乾	2012	以私营企业数量衡量省域企业家精神
张小蒂、赵榄	2009	以个体工商户占比代表各省（区、市）企业家
张亮亮	2010	以区域私营企业数量衡量区域企业家资本
刘亮	2012	以个体工商户数量衡量区域企业家精神

以往的研究对企业家的测度有三个可以进一步探讨的地方。首先，无论是中小规模企业还是私营企业，所代表的都是组织意义上的企业家，并不等同于个体意义上的企业家。在区域问题的研究中，这种测度方式有可能夸大区域企业家要素的丰富度。事实上，出于税收等现实因素的考虑，存在区域注册企业数量多，而企业家数量有限的情况。因此，组织意义上的企业家不能代替真实意义上的企业家。其次，在空间或区域层面对企业家开展的研究中，主要以省或州为研究的基本空间单位。但事实上，不同

省、不同州是一个相对广阔的空间概念，不同区域内部的差异巨大，选取这个空间尺度无法真正还原企业家活动的真实空间存在及城市对企业家活动的影响。最后，从集聚的理论看，若以企业的数量代表企业家的数量，那么这些研究和产业集聚的研究事实上具有一定的重复性。因为产业研究的视角和出发点也是企业的集聚。因此，需要真正能够在个体层面识别出企业家，并计算区域内企业家的数量。

个体层面企业家的测度对研究的数据获取提出了较高的要求。从某种特殊角度看，企业家才是企业的产品，而利润是其进一步的衍生。相较于直接从所有就业人员或者管理人员中甄别出企业家，从所有企业中甄别出哪些企业是企业家的企业是一种更为可行的方式。相较于观察企业家个体在企业中所扮演的角色，企业是企业家发挥其才干和能力的组织载体，实际的数据获取过程中，能够获得更多维度的企业相关的数据。

基于此，从企业家的定义出发，将企业家的测度分为两步：第一，在所有的企业中，根据企业的特征，筛选出企业家所在的企业。相较于一般的企业，企业家的企业应该是能够集聚和配置资源，并且实现了某种创新的企业。第二，在企业家所在的企业内部，选择创造了组织，并且能够承担风险的人，作为本书所关注的区域内的企业家。本书对企业家测度的基本思路如图 3-2 所示。

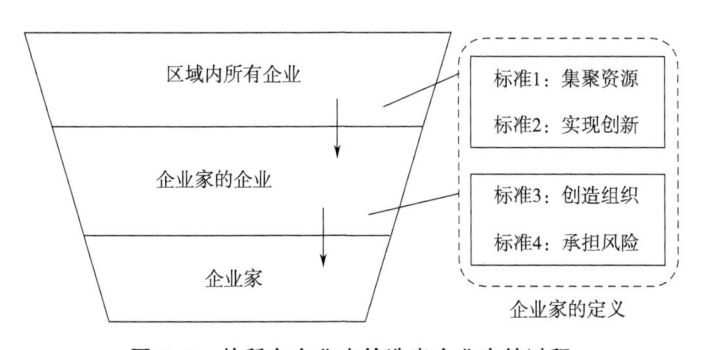

图 3-2 从所有企业中筛选出企业家的过程

在从所有企业到企业家的企业的筛选过程中，本书所理解的企业家能够集聚且配置资源，最核心的表现为集聚人才和资金。一方面，人才和资金是企业发展过程中最为重要的资源。创新和发展的根本是人才，资金为人才的创造提供了有利的条件。另一方面，在市场要素的匹配过程中，人才和资金会主动选择企业家所在的企业，以实现个人价值和资金价值的最大化。因此，通过企业是否吸引了人才和资金的角度能够从所有的企业中筛选出企业家的企业。本书基于所有企业在互联网上的招聘信息，以及是否获得机构投资等信息[①]，在所有的市场主体中筛选出集聚了资源的企业。

企业家所在的企业与所有企业的另一个核心区别在于其实现了创新。企业是否有创新产出能够通过其是否有注册专利和商标看出来，更重要的在于，其创新结果是被市场所接受和认可的。从本书对创新的定义和理解看，创新不仅被理解为单一层面的产品创新或技术创新，还包括企业生产流程与管理的改造，是一个面向市场的、综合的提升过程。在现实中，通常风险投资机构对于企业创新有着很高的关注。因此，本书除了通过企业的专利和商标注册数据，还通过一级市场风险投资经理的行为，从所有的市场主体中，筛选出受到投资经理关注的企业，反向地将这些企业判定为实现了创新的企业。

按照企业是否集聚了资源以及企业是否实现了某些方面的创新这两个维度，我们可以将所有企业分为以下四种类型：①实现创新且集聚了资源；②实现创新但并未集聚资源；③没有实现创新且并未集聚资源；④集聚了资源但并未实现创新。总体看，实现了创新且集聚了资源的企业，是我们研究所关注的企业家所在的企业；没有实现创新且没有集聚和配置资源的企业不是本书所定义的企业家的企业。值得讨论的是，企业集聚了资源，但并未实现某种创新，其企业中创造组织和承担风险的人，是否能够被称为企业家？正如本书提到的，企业家可以被视作企业的产品，企业家具有某些天生的特质和才能，但并不是创造了组织的人就能够被称为企业家。创新需要尝试和积累，集集了资源，但并未实现创新的企业未来能够实现创新，并在实现创新的过程中培养企业家。因此，从结果看，企业家

---

① 具体数据筛选过程见第 4 章第 1 节。

集聚了资源，但是并未实现某些创新，并不能称之为真正意义上的企业家。另一类值得关注的情况是实现了创新，但并未集聚和配置资源、组织供给的企业。本书并未将这个类型的企业作为定义的企业家的企业。原因在于，创新的实现需要资源。本书所定义的创新并不局限于实验室中的发明，在创新不断迭代、被市场接受的过程中，需要更多的资源投入。在现实中，缺乏资源很难实现具有市场意义的创新。与此同时，随着市场经济的不断深化和发展，无论是人才还是资本，要素本身在主动向能够带来更高收益的领域发展，从两个方面看，实现创新但并未集聚和配置资源、组织供给的情况在现实生活中是较为少见。

通过以上步骤，我们可以从所有企业中首先甄别出企业家的企业。对于企业家如何甄别和测度的问题随之具体为，在企业家的企业内部，哪些人能够被称为企业家？在企业家理论发展的过程中，学者们不仅对企业家进行了定义，还从理论上对企业家和管理者进行了区别。耐特认为（Knight，1921），企业家获取经济剩余的原因在于正确制定了决策，因此企业家的核心在于不确定问题的决策。这是学术研究中第一次将企业家与一般意义上的管理者区分开来。高德纳（Gartner，1985）直接的回应了企业家与一般管理者的区别：一般管理者通常不是组织的创造者。尽管不同企业内部的职位设定不同，但在现代企业制度下，一般企业均设有董事会、总经理等岗位。参照国家企业信用信息公示系统，本书列出了所有企业都需要备案登记的主要人员，按照是否创新了新的组织，是否承担了风险两个维度，考虑企业实际经营过程中的情况，判断这些人员是否为企业家（见表3-2）。

表3-2 企业家的企业内主要人员是不是企业家的认定

企业主要人员	是否创造了新的组织	是否承担了风险	是不是企业家
法定代表人	是	是	是
总经理	视具体情况而定	是	是
董事长	视具体情况而定	是	是

续表

企业主要人员	是否创造了新的组织	是否承担了风险	是不是企业家
董事	视具体情况而定	是	是
发起人	是	是	是
监事	视具体情况而定	否	否
个人股东	否	主要承担投资风险	否
最终受益人	视具体情况而定	否	否
分支机构负责人	否	是	否
其他管理人员	否	否	否

根据表3-3，本书认定企业中法定代表人、总经理、董事长、董事以及企业的发起人是企业组织内部的企业家。相较于其他的中层管理人员，这些人员对企业经营的战略和结果负责。分支机构负责人虽然负责分支机构，但没有创造新的组织，也没有负责执行总部的统一命令，因此不纳入企业家的范畴。一般情况下，大多数企业的个人股东也在企业中参与经营和决策，担任董事、监事或其他重要岗位。因此，本书不再将个人股东纳入企业家查考的范畴。值得一提的是，不同于企业的分支机构，企业对外投资的企业的法定代表人、总经理、董事长、董事以及发起人，同样被划定为本书考察的企业家对象。

从动态发展的视角看，企业发展过程中存在创始人逐渐退出企业、引入职业经理人的过程。通过以上考察，我们已经将职业经理人纳入这个过程中。而不在现有企业公开信息中出现的创始人，存在两种可能：其一，该企业家已经不再发挥企业家的职能，或者不再以这个角色而活跃，因此不将其计入区域企业家中；其二，原有企业的企业家加入其他公司或组织，并不代表其依旧发挥企业家的才能。因此，在对所有企业到企业家的企业的筛查中，有可能将这部分企业排除在外。

基于这种方法，本书实现了从企业层面到企业家层面的测度。相较于以往的测度方法，本书能够真正基于企业家理论对企业家的定义，对不同区域内、个体意义上的企业家进行相关测度。

3.2.2 企业家集聚测度方法的选择

在完成了对企业家的测度后，本书集中探讨如何测度企业家的集聚。不同的研究从不同的空间视角出发，既包括某个行业要素的集聚测度，也包括某个区域内某种要素的集聚程度。已有研究将集聚的测度分为三大流派（如表3-3所示）：①通过计算不平等指数衡量不同空间尺度下经济要素的集聚情况，主要包括区域基尼系数、变异系数、赫芬达尔指数、泰勒指数、区位熵指数和密度；②在考虑边界效应后，在不同指数的基础上进一步构造新的集聚指数，包括 EG 指数和 DO 指数；③基于现代地理信息系统通过要素地理位置直接测算。无论是对哪一种研究对象集聚水平的测度，三大流派所测度的集聚，反映的都是特定空间尺度内要素的相对密度，进而间接体现所测度要素的"靠近"程度。

表3-3 集聚的测度方法对比

测度方法	计算思路	计算公式	代表文献
区域基尼系数	通过区域某个要素的分配均衡程度衡量其集聚程度	$Gini = \dfrac{<|x_{max} - x_{min}|>}{2\mu}$	克鲁格曼（Krugman，1993）；白永亮、郭珊，2015
变异系数	通过区域内观测值的变异程度，反映地区相对均衡度	$CV = \dfrac{\sqrt{\sum_{i=1}^{n}\dfrac{(x_i - \bar{x})}{n}}}{\bar{x}}$	肖刚等，2016
赫芬达尔指数	某个行业中各市场主体的收入或资产（或其他相关指标）所占行业总收入或总资产（或其他相关指标）百分比的平方和，是测量和反映产业集中度的综合指数	$HHI = \sum_{i=1}^{N}(X_i/X)^2$	布雷斯纳汉（Bresnahan，1989）
区位熵	由"某指标比率高一层次的比率"构成，通过这种相对水平的刻画，代表了不同区域产业的专业化程度	$LQ_{ij} = \dfrac{q_{ij}/q_j}{q_i/q}$	汉德森（Henderson，1995）

续表

测度方法	计算思路	计算公式	代表文献
泰尔指数	将总体差异性分解为各部分间差异性和各部分内部差异性	$T_p = \sum_i \sum_j \left(\frac{Y_{ij}}{Y}\right) \log\left(\frac{Y_{ij}/Y}{P_{ij}/P}\right)$	吴三忙等，2007
密度	某一要素在单位空间的数量占比	$i = \frac{x_i}{X}$	西科尼和霍尔（Ciccone and Hall, 1996）；刘修岩, 2014
EG指数	将赫芬达尔指数和基尼系数相结合，以解决基尼系数失真的问题	$\gamma = \frac{G - (1 - \sum_i x_i^2)H}{(1 - \sum_i x_i^2)(1 - H)}$	埃利森和格莱泽（Elilsion and Glaeser, 1997）
DO指数	基于距离的密度函数测算某个行业内某种要素的集聚水平	$K_d = \frac{1}{n(n-1)/h} \sum_{i=1}^{n-1}\sum_{j=i+1}^{n} f\left(\frac{d-d_{ij}}{h}\right)$	杜兰顿和奥弗曼（Duranton and Overman, 2005）
连续距离测度	基于现代地理信息系统，通过经纬度信息及球面计算公式计算，获得要素间真实的距离信息	通过计算机系统，基于两点经纬度，根据球体距离计算公式计算任意两点间的距离，并基于此得出要素的分布规律	格蒂斯等（Getis et al., 2010）；布扎德等（Buzard et al., 2017）

注：地球上任意两点间距离的计算公式为 $D = 111.12\cos\left\{\frac{1}{[\sin\Phi A \sin\Phi B + \cos\Phi A \cos\Phi B \cos(\lambda B - \lambda A)]}\right\}$。

不同流派的集聚测度方式的优缺点。尽管越来越多的研究认为，通过不平等指数测度的集聚情况，受到空间单元大小、形状和边界的影响，导致测算结果缺乏稳健性，在较小范围内不适用；但测度不平等指数所需要的数据较容易获得，且测度结果更为直观。随着测算技术的进步和地理信息系统在经济学领域的不断应用，越来越多的研究可以直接通过距离考察要素的集聚程度。基于要素经纬度信息对空间内要素距离的测度更加精确地反映了要素的接近程度，但无法体现要素的其他经济信息，如规模、利润水平等。不同方法所代表的集聚测度的流派及其优劣势见表3-4。

表 3-4 集聚测度方式的不同流派及其优劣分析

集聚测度的流派	优点	缺点
不平等指数	直观，且计算更为简便	测度对象受到空间单元大小、形状和边界的影响，导致测算结果缺乏稳健性，在较小范围内不适用
将区际边界效应纳入测度指标		
基于现代信息系统的测度	对数据的要求较高，需要包含经纬度坐标属性的点状数据	无法体现测度对象的其他经济信息，如企业的规模、利润水平等

已有研究启示我们要更加综合地选择测度集聚的方法。首先，基于企业家集聚的定义，若将企业家作为特定区域中的某种经济要素看待，企业家集聚是一种特殊的人力资本集聚。一般的人力资本存量采用劳动力受教育年限法测度（齐亚伟和陶长琪，2014）。在分母的选择上，参照费尔德曼和奥德兹（Feldman and Audretsch，1999）衡量区域创新活动的集聚程度时，以区域内[①]每万人的专利数衡量区域的创新水平，本章以该区域当年年末总人口作为分母[②]，以当年注册企业中企业家数量为分子，测度该城市企业家的集聚水平。

除了以上便于计算、相对直观地对要素集聚的表现形式外，汉德森等（Henderson et al., 1995）在计算创新要素集聚时，还采用了"熵"的概念，其具体计算公式为：

$$I = \frac{x_{ij} / \sum_i x_{ij}}{\sum_i x_{ij} / \sum_i \sum_j x_{ij}}$$

其中，I 代表创新要素的集聚程度，x 代表不同主体的创新总投入，i

[①] 《中国城市统计年鉴》对各城市相关指标分别列出"地区"和"市辖区"两项。其中，"市辖区"项下包括城区、郊区的相关统计指标，是一个城市的主体区域；而"地区"包含市区和下辖县、县级市。从已有文献分析看，城市是企业家活动和集聚的基本空间场所，为了更加精准地匹配，本书使用的期末人口数据为"市辖区"的统计指标，以最大程度接近真实情况。详见第 6 章中对变量的具体说明。

[②] 相较于年末总体人数而言，当年城市的就业人数是一个更加适用的指标。但由于地级市层面数据的可获得性，本书在权衡之下采用当年期末人数作为测度企业家集聚指标的分母。

为技术创新主体，j 为地区。汉德森重点关注了创新总投入变量衡量的创新要素在不同区域的集聚程度。参照汉德森计算创新要素的计算方法，后来的学者构建了衡量不同要素集聚程度的计算公式。陈得文、苗建军（2012）同样采用区位熵的方式，通过确定不同地区人力资本集中状况在全国的相对位置，确定该区域人力资本的集聚水平。相关的计算公式为：

$$HA_{it} = (EA_{it}/E_{it})/(EA_t/E_t)$$

其中，EA_{it} 表示 t 时间段内区域 i 的人力资本总数，E_{it} 表示区域内人口总数，EA_t 表示全国人力资本总数，E_t 表示对应时间段内的全国人口总数。基于以上文献，本章构建的计算某个时间点 t 区域 i 时间段内企业家区位熵的计算方法为：

$$企业家集聚程度_{it} = \frac{(区域内企业家人数_{it}/该区域期末总人数_{it})}{(全国企业家人数_t/全国总人数_t)}$$

企业家的区位熵反映了在全国范围内，以企业家数量作为衡量该城市的指标，若该城市企业家的区位熵大于1，则说明该城市企业家的数量在全国范围内占有相对优势。

除此之外，考虑基于企业家的实际办公地址获取具体经纬度信息，通过地理信息系统 ArcGIS 对企业家的分布进行点密度分析。点密度通常用于计算每个输出栅格像元（地图的基本单位）周围某类型点要素的密度。具体的计算方式为：首先统计区域面积内的点数，并将邻域内点的数量相加后除以邻域面积（每个栅格像元中心的周围都定义了一个邻域），即得到点要素的密度。

3.3 本章小结

本章从定性和定量两个视角对企业家集聚的核心变量进行了定义。在对企业家集聚概念的定义过程中，分别从企业家、集聚两个角度出发，基于企业家理论和集聚理论，在对两个基本概念相关文献进行梳理的基础上，从企业家角色中的重要因素和集聚的本质特征定义企业家集聚。

尽管企业家不是一个陌生的概念，学者们对于企业家在经济增长和创新中发挥的价值也给予了一定的认可，但不同的学者对于企业家的角色仍有不同的认知。从中国改革开放的实践出发，本书认为，企业家不应该完全是熊彼特意义上的企业家，也不应该是简单意义上组织的创造者。综合企业家理论对不同企业家角色的抽象，本书认为，企业家应该是创造了新的组织、能够集聚并配置资源、承担风险并且实现了某些创新的那部分人。

企业家本身具有很强的区域属性。对产业集聚形成和发展过程的分析使得我们进一步认识到，企业家集聚对产业集聚的重要意义。产业集聚从某种意义上说就是企业家的集聚。除此之外，企业家集聚本身还有更加宏观的、区域经济增长层面的意义。本书认为，企业家集聚是指企业家在特定空间尺度内的临近，表现了企业家活动无法脱离的区域属性。

在对企业家集聚定义的研究中，除了对企业家集聚的内涵进行剖析，还对和企业家集聚相关的概念进行辨析（见表3-5）。通过不同角度对相关概念的辨析，使得我们更加理解企业家集聚的内涵。除此之外，本章还从现实和经济理论发展两个角度，分别阐释了企业家集聚概念出现的合理性。我国企业家集聚的现象有着悠久的历史，企业家集聚更是经济增长理论和产业集聚理论发展到一定阶段，必须要关注的重要问题。

表3-5 企业家集聚概念的辨析

相关概念	对应的研究领域	对比视角	与企业家集聚的关联	与企业家集聚的差异
产业集聚	产业经济、集聚经济理论	研究对象	以企业组织在空间上的集聚为具体研究对象	企业组织中的创造组织、承担风险、集聚和配置资源，并在组织实现创新过程中发挥重要作用的人
		形成原因	已有研究主要从市场因素分析产业集聚的形成	文化、亲缘等"非理性"的因素影响企业家的决策，进而决定了企业家集聚的形成和发展

续表

相关概念	对应的研究领域	对比视角	与企业家集聚的关联	与企业家集聚的差异
区域企业家、区域企业家精神、区域企业家资本	区域经济学、发展经济学	测度方式	已有研究主要通过区域私营企业数量等方式测度企业家,代表了"组织"意义上的企业家;企业为企业家发挥其企业家才能提供了组织环境	"组织"意义上的企业家无法体现企业家理论中企业家的内涵,无法真正体现区域内企业家的数量
经济要素集聚	集聚经济理论、发展经济学	范畴	企业家同样是一种经济要素,企业家集聚也是一种特殊的经济要素集聚	随着企业家经济的发展,企业家在经济中的作用越来越重要,经济要素过于笼统
人力资本集聚			企业家是一种特殊的人力资本,企业家集聚是人力资本集聚的一种	企业家不同于其他的人力资本,在区域创新的语境下发挥的作用不同

在企业家集聚如何定量测度方面,从基本概念出发,将企业家集聚的测度分解为两个问题:如何测度区域内的企业家,以及基于不同区域内企业家的数量如何对其集聚程度进行测度。在对企业家测度的过程中,本章选择了"企业-企业家的企业-企业家"的逻辑主线,紧紧围绕企业家的定义层层深入。在对区域内企业家进行测度的基础上,研究回顾了集聚的测度方式,对不同集聚方式所代表流派的优劣性进行了分析。

综上,本书认为可以选择在较为直观的区域内,以每万名常住人口中企业家的数量、区域内衡量企业家集聚的区位熵,以及基于企业家办公地址的经纬度信息,借助 ArcGIS 的点密度分析,对不同区域的企业家集聚进行测度。

4 我国企业家集聚的特征事实分析

本章基于 2012—2017 年全国范围内近 22 万企业家的企业内，超过 108 万企业家企业的微观数据，借助地理信息系统 ArcGIS、统计软件 Stata 及编程语言 Python，在地级市层面对我国企业家空间分布的特征事实进行了分析。本章主要由三部分构成：第一，重点介绍了研究数据的来源与处理过程；第二，基于企业家办公地址坐标，对我国企业家空间分布做了直观呈现；第三，通过构建城市企业家的区位熵，城市常住人口中每万人的企业家数量，以及企业家分布的点密度，对我国企业家集聚做进一步的量化分析。

除此之外，为了进一步说明企业家集聚定义的意义和合理性，本章第二节中以我国数据为例，对企业家和企业分布的情况进行了对比，从实际的特征事实，说明了企业家集聚和企业集聚的差异所在。

4.1 数据来源与说明

4.1.1 企业家数据的获取

本章采用的企业家数据源于中国商业信息服务平台北京企名片科技有限公司[1]（以下简称"企名片"）。企名片成立于 2015 年 12 月，是一家结合大数据与人工智能技术，围绕企业全维度数据建立的金融大数据平台。

---

[1] 更多企名片相关信息详见官网：https://www.qimingpian.cn/about。

企名片的基本业务逻辑是，首先基于爬虫技术和相关 API 数据接口，从中华人民共和国国家市场监督管理总局国家企业信用信息公示系统，和其他互联网公开数据中获得企业相关信息。在其所获得的大数据的基础上，企名片利用自身的 NLP 自然语言处理技术[①]，针对不同用户群体需求提供相关的数据清洗、聚合以及产品化的服务。本书的所有企业家数据来自企名片旗下针对风险投资场景推出的金融数据库产品。

该数据库设立的初衷是帮助风险投资机构和投资经理更好地进行投资项目的筛选。因此，企名片基于国家企业信息公示系统历年登记注册的所有公司按以下五个维度进行了数据筛选[②]。

（1）是否获得主流媒体的正面报道。基于中国 160 余家主流媒体的新闻内容，采用 AI 无监督学习聚类算法，数据库对海量文本数据向量化，按照向量间距离及相似度机器自动分类，进而筛选出涉及"创新""新产品"等相关语义的企业。

（2）行业分析报告与政府相关工作报告中是否覆盖。企名片覆盖了公开渠道可搜集的行业分析报告（包括万得资讯数据库等）及政府公开信息（如各级政府高新技术企业名单等）中涉及的企业。

（3）企业是否有活跃的招聘行为。通过与前程无忧、拉勾网、智联招聘、51Job、BOSS 直聘等主流招聘平台上的企业信息进行比对[③]，筛选出有招聘行为的、活跃着的企业。

（4）是否吸引了外部投资。主要基于目前主流的创业投资及金融媒体对企业融资信息的披露，以及企业工商登记信息中股东信息的变化，对当年成立的所有企业进行筛选。

（5）投资经理的企业搜索行为。企名片平台上活跃着 12 万风险投资

[①] NLP 是 Natural Language Processing 的缩写，是人工智能（AI）的一个子领域。该技术主要用于处理诸如文本分类、句法分析、信息抽取等相关问题。

[②] 该部分内容基于对企名片产品总监访谈笔记的整理。

[③] 以用户活跃数量为标准，以 2019 年 1 月为例，据艾瑞咨询对中国主流招聘渠道的监测，企名片抓取的重要招聘网站前程无忧、智联招聘、Boss 直聘、拉勾网、51Job 的月活跃用户总数达 2 756 万，占我国在线招聘市场份额的 76.5%，进一步说明这些招聘具有整体的代表性。相关数据及市场份额计算内容详见：https://www.iimedia.cn/c400/63879.html。

机构的投资经理，企名片基于这些用户在平台上的搜索行为数据筛选出受到投资经理关注的企业，进而基于工商行政管理总局的备案信息，反向获取企业其他维度的信息。

按照以上五个标准，企名片金融数据库帮助我们实现了从所有企业到企业家的企业的筛选。按照以上五个标准，企名片从国家企业信息公示系统中，获取的6 000多万条工商主体信息（涵盖全国所有在册企业数据）中[1]，筛选出注册时间为2012—2017年的企业，及其工商注册登记信息218 086条[2]。这些企业真正代表了企业家的企业。

基于这些企业在国家企业信用信息公示系统中列出的主要人员信息，利用Python和MySQL，按照企业家测度的方法，对企业家的企业中企业家的数量进行了统计。最终，在对218 086家企业家的企业工商注册信息的主要人员信息的抓取中，获得了1 088 041名企业家及其所在企业的相关信息（包括企业家身份ID，企业家实际的办公地址、所在行业、企业注册资本、企业家掌控的实缴资本，以及企业拥有的专利数及商标数等数据），作为本书的基础数据。在这个过程中，借助系统中企业家的唯一识别码[3]，对一人担任多个职务，以及一人在多家公司任职的情况进行了识别，剔除了两种情况下对企业家的重复计算。

我国企业家的已有研究主要以省、自治区及直辖市为空间尺度。但事实上，同一省内不同城市的企业家的分布差异巨大。随着近年来区域一体化和城市群的发展，"省"的行政边界不断被打破，对企业家及区域创新的空间特征还有待从更加具体的视角进行探究。鉴于城市是企业家开展活

---

[1] 根据行业专家访谈，目前公开途径可获得各种社会主体公开信息约为1.2亿条，其中包括了6 000多万条工商信息（涵盖全国在册企业数据），7 600多万条企业年报，5 000多万条高管信息，3 500多万条经营风险，3 800多万条招聘信息，2 200多万条商标信息，4 500多万条软著专利信息，500多万条网站备案，300多万条法院公告信息，2 600多万条法律诉讼，189多万条法院公告信息，等等。

[2] 企名片基于NLP技术，在从所有企业到企业家所在企业的筛选过程中，对一个企业家名下注册的多家关联公司进行了剔除，从而保留了能够"集聚和配置资源"且具有创新行为的主体。

[3] 出于数据安全的问题，本书并没有获得工商企业系统中原始的企业家ID数据，而是获得脱敏后用于识别的唯一ID。基于ID，本书对于可能存在的在多家企业家内担任职务的企业家，以及可能存在的重名的情况进行了甄别，从而进一步保证数据的相对可靠性。

动的主要空间，也是创新活动的重要聚集地，因此本书以城市作为集聚研究的空间尺度。地级市作为中国行政区划之一，与地区、自治州、盟均属于地级行政区。截至2019年10月，中国共计293个地级市，占地级行政区总数的88%。由于部分地级市的相关统计数据的缺失，为了保证研究的相对完整性，在293个省辖市中，剔除了新疆吐鲁番地区、哈密地区，青海省海东地区、毕节地区、铜仁地区、海南省三沙市、儋州市、西藏昌都地区、林芝地区、山南地区、那曲地区等省级直管地区或地级市，最终剩余286个地级市作为企业家集聚和区域创新分析的基本空间单位。本书以286个地级市为基础，通过Python对企业家的办公地址基于地级市字段进行了文本比对，统计出了2012—2017年各地级市内企业家的数量。

在时间维度上，企名片成立于2015年，金融数据库采集的企业成立时间始于2012年①。截至目前，从各地级市的城市年鉴等其他途径可获取变量的时间跨度截至2017年，因此以2012—2017年为研究的时间跨度。本章企业家数据构建过程见表4-1。

表4-1　企业家数据的构建过程

处理过程	1. 数据获取	2. 初步清洗	3. 二次清洗	4. 数据统计
过程描述	公开渠道可获取的全国在册的企业名称、主要人员、股东信息、经营范围、办公地址等全部工商注册信息	2012—2017年成立的企业数据库	基于企业相关信息的数据库形成企业家数据库	基于企业家所在地址信息，按照地级市进行统计
数据量	约6 000万条	219 784条	1 088 041条	1 716条
数据来源	中华人民共和国国家市场监督管理总局国家企业信用信息公示系统	企名片金融数据库	本研究整理	本研究整理

---

① 该数据库的目的用于投资场景，考虑到企业的平均年限，企名片并没有采集注册时间在此年份之前的相关数据。

续表

处理过程	1. 数据获取	2. 初步清洗	3. 二次清洗	4. 数据统计
处理方法	通过API接口获得企业工商注册信息，并实现实时更新	在整体样本中筛选出主流媒体、金融媒体以及政府与行业报告覆盖的企业，并筛选出具有招聘活动或投融资行为的企业	在金融数据库中以企业家作为统计维度，计算企业家的企业内企业家的人数（按照工商企业登记中的ID去重），并获得企业家的相关信息	以286个地级市作为统计指标，加总各城市企业家数据，并与城市其他经济变量进行相关匹配
经济意义	全国所有市场主体	企业家的企业	企业家所在企业内，企业家的数量	各地级市企业家及其他相关信息
处理技术	N/A	自然语言分析、爬虫技术等	Python及MySQL	Python、Stata、Excel等分析和统计软件

4.1.2 样本数据质量分析

选择企名片金融数据库作为研究的数据来源，主要基于三方面的考虑。

第一，从本书聚焦的问题出发，相较于其他的企业信息数据库，企名片金融数据库所收录的相关数据按照上述标准进行了筛选，最大程度上符合本书对企业家的定义和理解。首先，企业家能够集聚并配置资源（Baird，1994）。从基本的生产函数出发，这些资源最终体现在资本和人才两个方面；人才与资本是企业生产经营和创新过程中最重要的因素。企名片数据库中所包含的企业既在招聘网站上有相关的招聘行为，又受到风险投资机构、投资经理的关注和投资，因此能够区别于一般意义上的私营企业主的企业家。其次，作为商业数据库产品，企名片本身是基于风险投资基金项目搜寻、评估等使用场景设计的；因此，企名片中筛选的企业本身基于媒体报道、行业报告及政府公告和投资经理在线上的搜索行为，能够代表所有企业中产生了一定创新的企业。

第二，样本数据数量和质量的考虑。首先，企名片清洗和筛选的基础数据来自国家企业信息公示系统等渠道，数据的真实性和可靠性强。其次，企名片提供数据的结构化程度较高，能够实现基于企业家维度的二次筛选和清洗，符合研究主题，避免了重复以往组织意义上的企业家的研究。最后，样本变量更加贴近和反映真实的企业经济活动。鉴于企名片金融数据库的主要使用对象是投资机构和投资经理，因此企名片中企业的地址包含实际的办公地址，真正代表了企业家活动的真实地理位置信息，反映了我国企业家集聚的真实情况。

第三，与商业企业数据库合作是目前经济学领域研究的一大趋势。商业企业数据库的数据整合了爬虫技术、自然语言处理技术等前沿技术，能够获得原有的研究框架下无法获得的微观数据，在全新的维度上对经济问题做进一步探索。国内外已经有诸多学者通过与企名片等商业数据公司的合作开展研究（张晓波，2015）。

当然，本书也充分考虑了选择这家数据库可能存在的问题。这家数据库不能覆盖国有企业的企业家；而在我国国有企业有诸多优秀的企业家。存在这个问题的原因是，企名片成立于2015年，抓取数据的时间跨度自2012年起，而较多国有企业的主体成立时间较早、历史较为悠久，因此遗漏了这部分企业的企业家。然而，从市场主体的数量看，截至2017年，我国国有企业的总数仅为13.3万家[①]，而与此同时，我国企业总数为1 809.8万家；其中，私营企业数量达到1 436.9万家，占所有企业的79%。从这个角度看，由于样本覆盖的企业注册时间段造成的问题可以忽略。

基于企名片提供的注册时间为2012—2017年的企业家的企业为基础，进一步挖掘各企业家的企业内企业家的数量。这个过程中，一个需要考虑的问题在于，通过各年注册的企业主体是否能够代表存量企业家数量。由于数据可得性的原因，必须承认确实可能存在对注册时间在2012年前，但仍然处于存续期的企业的覆盖和挖掘不到位的情况，造成对企业家集聚

[①] 相关数据来自中国国家统计局2019年8月26日发布的"新中国成立70周年经济社会发展成就系列报告"，https：//baijiahao.baidu.com/s？id=1642927816292626474&wfr=spider&for=pc。

的测度上存在一定的偏误。由于企业数据库所涵盖的企业主要以私营企业为主，《财富》杂志的抽样调查显示，我国民营企业平均寿命仅为3.7年，而研究样本覆盖的时间段为6年，从平均意义上看，基本可以包含其间所有活跃着的企业家。因而，样本数据仍旧具有很高的代表性。

4.2 我国企业家集聚的事实

4.2.1 我国企业家分布情况

为了在空间上更为直观地展现我国企业家的分布情况，本书以2012—2017年，共计1 088 041名企业家的实际办公地址作为企业家的地理位置信息，通过调取百度地图API的方式，计算出办公地址的经纬度信息。借助地理信息系统ArcGIS，在我国行政区划图层上初步直观地展示我国企业家的分布情况。

自2014年起，我国企业家的密度在整体上有所提升；原有企业家集聚区域的集聚程度也有了进一步的提升。较2012年、2014年、2015年，长三角地区的企业家散点在数量上有所上升。在样本的时间跨度内，我国企业家分布的变化并不显著，主要集中在东部沿海和中部地区，东北、西北及其他西部地区的企业分布较少，且在样本的时间跨度内分布较为随机。相比之下，我国企业家在东部沿海主要围绕着我国重要城市群的集聚现象较为明显，如长三角地区、粤港澳地区。除此之外，中西部地区的一些城市如成都、武汉、西安等，也在一定程度上成为企业家集聚的城市。

4.2.2 我国企业家分布的现状分析

从区域文化和价值观的视角分析，赵向阳等（2015）从地理因素、气候、人口、宗教、语言和经济发展等历史过程出发，分析了中国不同区域的主导文化。若以施瓦茨（Schwartz，2008）的文化价值观理论为分析框架，企业家主要集聚于海洋-都市文化主导的区域（赵向阳等，2015）；在施瓦茨的文化价值观中，海洋-都市文化所对应的内涵是自主性、平等性以及和谐性。若按照 GLOBE 调查研究（Dorfman et al.，2012）中的文化维度划分，我国企业家主要集中分布在东南沿海海洋性文化区域，以及国际化、大都市文化主导的区域。全球领导力和企业行为效力研究项目（Global Leadership and Organization Belewion Effectiness，GLOBE）调查研究的框架具有九个维度，其中，东南沿海海洋性文化倾向于"未来导向"和"绩效导向"，在更强的"人际关怀"中构建了较小的"权力差距"。相较而言，企业家较少集聚的区域包括黄土高原文化圈、雪域高原文化圈、东北森林与农耕文化圈和绿洲与沙漠文化圈所覆盖的区域。从文化价值观的角度看，这些区域文化体现的一个共同特征是较为封闭，受自然条件和历史因素的影响，社会的文化价值取向更加注重"恃强"和"不确定性的规避"，社会导向的集体主义更强。尽管当前对中国各区域文化的划分还缺乏严谨的管理学和心理学意义上的实证分析，但这个分析框架对现实的区域文化具有一定的包容性和代表性，有助于我们从宏大的视角理解当前我国企业家分布的现状。

从城市群的角度看，我国企业家的分布与我国几大城市群有着高度的一致性。从企业家办公地址的散点图看，企业家的空间分布存在集聚现象，且在长三角、粤港澳及京津冀等较大的城市群的集聚尤为明显。除此之外，我国正在快速发展中的川渝城市群、海峡西岸经济区，以及以济南、青岛为核心的山东半岛城市群，也在近几年的发展中出现了企业家集聚的现象。这个现象启示我们在从空间视角上对企业家集聚对区域创新影响的研究中，要注重以城市群为单位，对其做进一步的分析。

4.2.3 我国企业与企业家分布的差异

基于研究获得的注册时间为 2012—2017 年的 219 784 家企业家的企业，以及 1 088 041 位企业家办公地址的分布，结合各城市工商统计年鉴中同时段私营企业注册数量及个体工商户注册数量，本书对我国企业家的分布与企业的分布进行了进一步对比。正如前文指出的那样，在对我国不同区域企业家的研究过程中，学者们经常采用的指标包括私营企业数量、个体工商户数量等相关指标。这些指标代表了我国民营经济的活跃程度。一方面，指标代表了更大范围意义上的企业家，和企业家理论中企业家的定义之间还有一定的距离；另一方面，数据代表的是组织，而非个体意义上的企业家。通过对比我国私营企业、企业家的分布情况，能够进一步了解企业家集聚的内涵和我国企业家集聚的现实特征。

从本书的样本看，2012—2017 年，我国工商登记注册的个体工商户数量为 47 336 788 户，成立私营企业总数为 1 303 036 家，其中，满足企业家定义的、企业家的企业数量总计为 219 784 家，占整体私营企业数量的 17%[①]。据统计，在企业家的企业内，企业家的数量为 1 088 041 名。从总体数量看，组织意义上的企业与企业家存在差异。

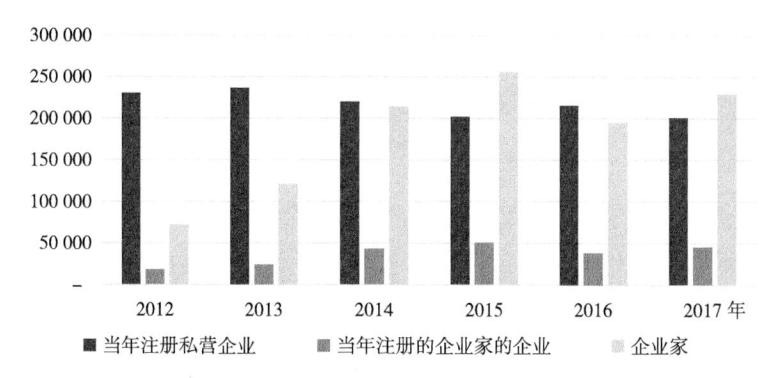

图 4-1 2012—2017 年我国私营企业、企业家的企业及企业家的数量对比

除此之外，从各城市的分布看，企业家的集聚程度要高于企业的集聚程度。本书将 286 个城市 2012—2017 年新成立的私营企业数量和筛选出的企业家数据进行对比发现，北京、上海、广州、深圳 4 座城市的企业家数量占企业家总数的 50% 以上。286 个城市企业家数量的中位数为 237，平均值为 283，最大值为 229 401，最小值为 60，方差为 19 913。相比之下，

---

① 此处对比私营企业数量的原因是参照以往对区域企业家的研究，主要以私营企业的数量衡量所在区域内企业家的分布情况。事实上，正如前文中所提到的，在我国的国有企业中也同样存在着非常优秀的企业家。

企业在 286 个城市的分布更为平均。这些数值背后折射的事实是，组织意义上企业家丰裕，即私营企业数量多的城市，理论意义上的企业家要素却并不丰沛。

表 4-2 为 2012—2017 年我国企业家和企业数量对比排名的后 10 位城市和前 10 位城市。

表 4-2 左侧为企业家数量占注册私营企业数量排名后 10 位的城市。以襄阳为例，尽管该地 2012—2017 年注册私营企业数量为 3 432 家，但真正理论意义上的企业家仅有 64 名。从某种意义上看，这些私营企业是德鲁克提到的郊区夫妻二人创办的"墨西哥餐馆"，即前文中提到的所有企业中非企业家的企业。

表 4-2 右侧为企业家数量占注册私营企业数量比值排名前 10 的城市，其中，深圳、北京、杭州位列全国前三。以深圳为例，企业家数量超过注册私营企业数量的意义是该城市内私营企业的效率和质量都高于其他区域，企业既能集聚和配置资源，又具有一定的创新产出。这与企业家密度的提升息息相关。

表 4-2 2012—2017 年我国私营企业与企业家数量相差较大的城市

城市名	注册私营企业数量（家）	企业家数量（名）	企业家占比（%）	城市名	注册私营企业数量（家）	企业家数量（名）	企业家占比（%）
襄阳市	3 432	64	2	深圳市	35 038	147 548	421
佳木斯市	3 539	93	3	北京市	65 731	229 401	349
达州市	4 061	123	3	杭州市	20 293	64 316	317
崇左市	1 818	60	3	上海市	70 355	158 284	225
四平市	2 938	99	3	广州市	35 134	78 319	223
玉林市	3 968	137	3	厦门市	7 247	15 949	220
广元市	3 022	117	4	天津市	11 396	18 178	160
河池市	1 979	78	4	苏州市	13 110	19 642	150
南充市	4 365	174	4	成都市	33 005	49 095	149
自贡市	3 315	133	4	武汉市	19 894	28 833	145

对比2016年我国286个地级市企业和企业家分布可知，我国企业家依旧集中在东部沿海及中部少数城市。我国中部、东北部地区尽管存在较多的企业组织，但是企业家要素的分布有限。

4.2.4 我国企业家分布的描述统计特征

首先对我国企业家的分布情况进行描述统计分析。基于1 088 041名企业家2012—2017年的办公地点，按照286个地级市进行了统计，得到以地级市为基本维度的企业家绝对值。

样本城市企业家的基本统计特征如表4-3所示。

表4-3 样本企业家数据的描述统计特征

年份	城市样本量	平均值	方差	最小值	最大值
2012	286	254.05	1 343.49	3	16 711
2013	286	428.78	2 230.29	5	25 665
2014	286	756.45	4 063.68	5	50 317
2015	286	902.70	4 837.77	15	58 854
2016	286	692.10	3 424.01	10	40 630
2017	286	810.58	4 170.17	15	37 235
总计	1 716	3 845.67	19 913.00	3	58 854

不同城市的企业家绝对值存在巨大的差异，进一步按城市和年份对企业家的绝对值进行了排序，如图4-2所示。

2012—2017年，企业家数量绝对值排名前14的城市依次为：北京、上海、深圳、广州、杭州、成都、武汉、南京、苏州、天津、厦门、西安、长沙、重庆。经统计，6年间，北京企业家绝对值总数为229 401名，是上海（158 284名企业家，排名第2）企业家绝对值的1.45倍，深圳（147 548名企业家，排名第3）的1.56倍，更是福州企业家数量（6 401名企业家，排名第20）的36倍。样本企业家绝对值的巨大差距，进一步体了现我国企业家在不同城市集聚的事实。

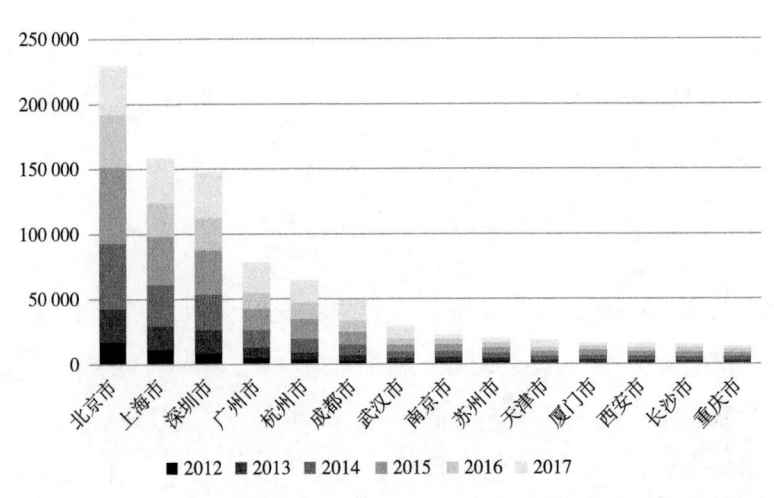

图 4-2 2012—2017 年企业家绝对值排名前 10 的城市及其企业家数量

4.3 我国企业家集聚的测度

基于已有研究，参照费尔德曼和奥德兹（Feldman and Audretsch, 1999）以及汉德森等（Henderson et al., 1995）对不同经济要素集聚的计算方法，分别构造了各地级市万名常住人口中企业家的密度，以及企业家的区位熵衡量企业家的集聚程度。此外，借助地理信息系统，通过企业家的办公地址获得了企业家活动的经纬度信息。在本节中，首先，基于企业家办公地址经纬度进行了点密度分析；其次，展示代表城市 2012—2017 年每万名常住人口中企业家密度以及企业家集聚的区位熵水平的计算结果。

4.3.1 以点密度测算的城市企业家集聚水平

与城市每万人常住人口中企业家的数量以及城市企业家的区位熵指数相比，点密度分析基于地图信息，进一步在地图上将各个城市孤立的点之间的空间相关性体现出来。为了更加直观地展示企业家集聚的情况，通过百度地图 API 读取企业家办公地址，获取了其具体经纬度数据，并通过 ArcGIS 对企业家的分布进行了点密度分析。

4.3.2 以每万人企业家数量集聚测算的城市企业家集聚水平

本节以当年各城市常住人口（每万名）作为分母，以基于样本统计的各城市的企业家数量为分子，计算出2012—2017年各城市每万人常住人口中企业家的数量。从计算结果看，首先必须承认的是本书定义的能够创造组织、吸引人才与资本，并且承担风险的企业家是稀缺资源。以深圳为例，2015年，深圳每万人常住人口中企业家的数量约为96人，而这个数量是同时期北京的2倍以上。整体来看，6年来，我国人均企业家数量排名位于前列的城市主要以北上广深及一些新二线城市为主，纵向看变化较小，说明在这个衡量尺度下，我国企业家空间集聚的空间黏性较大。

由于篇幅所限，本书仅列出2012—2017年排名前15的城市，如表4-4所示。

表4-4 2012—2017年我国人均企业家数量排名前15的城市

年份	2012		2013		2014		2015		2016		2017	
排名	城市	比值	城市	比值	城市	比值	城市	比值	城市	比值	城市	比值
1	深圳	28.5	深圳	57.3	深圳	82.6	深圳	96.3	深圳	64.1	深圳	81.1
2	北京	12.9	北京	19.5	北京	37.7	北京	43.7	北京	29.8	北京	27.4
3	上海	7.8	上海	12.5	上海	22.0	上海	25.9	上海	17.6	广州	26.1
4	广州	5.6	厦门	9.5	广州	16.5	杭州	21.1	杭州	17.3	上海	23.7
5	厦门	5.6	广州	9.2	厦门	16.3	厦门	20.8	广州	14.4	杭州	22.6
6	杭州	4.6	杭州	7.6	杭州	14.9	广州	18.9	厦门	13.6	武汉	11.0
7	东莞	4.4	东莞	6.9	珠海	8.8	东莞	10.0	珠海	8.4	成都	10.9
8	南京	3.0	珠海	5.5	东莞	8.7	珠海	9.8	东莞	7.5	厦门	10.0
9	珠海	2.9	南京	4.7	南京	7.1	南京	8.5	南京	6.1	东莞	6.4
10	苏州	2.7	苏州	3.8	成都	6.8	成都	8.2	成都	6.1	珠海	5.6
11	武汉	2.1	成都	3.6	武汉	6.0	苏州	6.6	苏州	5.8	天津	5.2
12	成都	2.0	中山	3.4	长沙	6.0	武汉	6.5	武汉	5.5	苏州	4.5
13	中山	1.3	佛山	2.6	西安	4.8	长沙	5.5	长沙	4.7	南京	4.4
14	佛山	1.2	长沙	2.1	中山	4.2	西安	4.4	西安	3.7	长沙	3.6
15	长沙	1.2	西安	3.6	郑州	3.8	郑州	4.1	郑州	3.3	西安	3.3

4.3.3 以企业家的区位熵指数测算的企业家集聚水平

基于第 3 章对相关文献的回顾和各种集聚测度方式的对比，本节构建了计算某个地级市企业家区位熵的计算方法：

$$企业家集聚程度_{it} = \frac{(区域内企业家人数_{it}/该区域内就业人数_{it})}{(全国企业家人数_t/全国就业人数_t)}$$

企业家的区位熵反映了在全国范围内，以企业家数量作为衡量指标，该城市的相对水平。若该城市企业家的区位熵大于 1，则说明该城市企业家的数量在全国范围内占有相对优势。整体看，2012—2017 年，每年区位熵大于 1 的城市不超过 33 个，占全部城市数量的 12%。区位熵排名前 15 的城市与该城市每万人企业家数量排名前 15 的城市对比，变动较小。我国 2012—2017 年各城市企业家集聚区位熵排名前 15 的城市如表 4-5 所示。

表 4-5　2012—2017 年我国企业家集聚的区位熵排名前 15 的城市

年份	2012		2013		2014		2015		2016		2017	
排名	城市	熵值	城市	熵值	城市	熵值	城市	熵值	城市	熵值	城市	熵值
1	深圳	50.6	深圳	60.3	深圳	50.0	深圳	49.3	深圳	42.7	深圳	46.4
2	北京	22.9	北京	20.5	北京	22.9	北京	22.4	北京	19.9	北京	15.7
3	上海	13.9	上海	13.2	上海	13.4	上海	13.3	上海	11.7	广州	14.9
4	广州	10.0	厦门	9.9	广州	10.0	杭州	10.8	杭州	11.5	上海	13.5
5	厦门	9.9	广州	9.7	厦门	9.9	厦门	10.6	广州	9.6	杭州	12.9
6	杭州	8.3	杭州	7.9	杭州	9.0	广州	9.7	厦门	9.0	武汉	6.3
7	东莞	7.8	东莞	7.2	珠海	5.3	东莞	5.1	珠海	5.6	成都	6.3
8	南京	5.3	珠海	5.8	东莞	5.2	珠海	5.0	东莞	5.0	厦门	5.7
9	珠海	5.0	南京	4.9	南京	4.3	南京	4.3	南京	4.1	东莞	3.6
10	苏州	4.9	苏州	3.9	成都	4.4	成都	4.2	成都	4.0	珠海	3.1
11	武汉	3.6	成都	3.8	武汉	3.6	苏州	3.4	苏州	3.9	天津	3.0
12	成都	2.3	武汉	3.6	苏州	3.6	武汉	3.3	武汉	3.7	苏州	2.6
13	中山	2.1	中山	2.7	长沙	2.9	长沙	2.8	长沙	3.1	南京	2.5
14	佛山	2.1	佛山	2.2	西安	2.5	西安	2.3	西安	2.5	长沙	2.1
15	长沙	2.0	长沙	2.2	中山	2.3	郑州	2.1	郑州	2.0	西安	1.9

4.4　本章小结

企业家集聚是近年来研究提出的新概念。作为研究的核心自变量，本章对我国企业家集聚的特征事实进行了分析。数据创新是本书的重要创新之一，本章首先详细说明了研究数据的来源与处理方式。基于大数据，将企业家集聚的测度问题分解为对企业家的测度，以及如何测度集聚两个问题。在对企业家的测度中，从定义出发，将问题进一步化解为如何从所有企业中筛选出企业家的企业，以及如何在企业家的企业中根据主要人员的信息，判断是否为企业家。这些努力和尝试得以从企业家的定义本身出发，获得与以往研究不同的个体企业家意义的样本数据。

基于处理后的108.8万名企业家的实际办公地址，首先获得了企业家办公地址的经纬度信息，以地级市为分析的空间尺度，对比了我国私营企业的分布与企业家的分布情况，在我国的情境下，进一步对企业家集聚的概念进行了阐释。对比我国企业家和企业的分布，发现我国中部、东北部地区尽管有大量私营企业存在，但是企业家的数量有限。我国企业家主要集中于东南部沿海地区以及少量的中西部城市。

研究对企业家的集聚情况进行了量化的度量。从研究方法上看，尽管有诸多测度集聚的指标，但各有优劣。依据以往的研究经验，选择采用企业家的区位熵、各城市企业家占比，以及企业家分布三种方式分析各地级市企业家的集聚情况。横向看，我国不同城市的企业家集聚水平高低差异巨大。当前，我国企业家主要集聚于京津冀、长三角地区、珠三角地区三大重要的城市群。除此之外，在成渝地区、武汉地区、山东半岛等正在形成的城市群内，同样有企业家集聚的状况。纵向看，研究所覆盖的时间区域内，企业家的集聚并没有明显的空间迁移和改变。

本章一方面对研究的主体企业家集聚的客观事实进行了分析，帮助我们进一步了解我国近年来企业家集聚的现状；另一方面对企业家集聚的量化分析为进一步研究奠定了基础。

5　企业家集聚对区域创新影响的理论框架

基于集聚理论的梳理，我们认识到企业家在产业集聚中发挥的重要作用，产业集聚从某种意义上说就是企业家的集聚。企业家集聚虽然是近年来才明确提出的概念，但很早就有学者关注到企业家活动的区域差异（Chinitz，1961）。企业家集聚虽然日益受到学者们的关注，但目前还没有学者对企业家集聚进行系统的梳理。为此，本章首先基于企业家理论和集聚理论，对企业家集聚的相关理论进行了梳理，进一步明确了企业家集聚的内涵。

基于以上分析，从空间视角出发，说明企业家集聚对其所在区域内的创新具有正向影响，企业家集聚程度越高，对区域创新的影响越大。从影响机制看，企业家集聚的重要意义在于提升本区域内资金、人才的效率，进而提升区域的创新产出。考虑到企业家本身存在异质性，本章从理论上进一步分析了大企业的企业家和小企业的企业家，以及不同行业的企业家集聚对区域创新影响的差异。企业家集聚对区域创新的影响既包括对所在区域的影响，也包括对相关联区域的影响。本章最后从空间视角出发，重新审视了企业家集聚对区域创新的影响。

5.1　企业家集聚对区域创新的直接影响

企业家集聚对区域创新的直接影响，在于企业家作为知识溢出的重要途径，实现了区域知识存量的创新转化。

将企业家本身理解为知识溢出的重要途径，源于从知识的角度定义和理解企业家创办和经营企业的过程。尽管企业家的知识溢出理论（the knowledge spillover theory of entrepreneur）在 21 世纪初才被正式提出（Audretsch, 2006），但早期学者在对知识理论的研究过程中，已经从知识的角度对企业和企业家进行了审视。20 世纪 40 年代末，哈耶克（Hayek, 1948）就从知识的视角出发理解竞争行为。在他的观点下，企业家之间之所以存在竞争，是因为"针对特定的时间和地点，以及情形的知识"是无法集中的。柯兹纳（Kirzner, 1997）进一步将企业家和企业家精神纳入这个过程：由于知识是分散和不完全的，而企业家本身又具有发现和识别机会的特质，即企业家特质与知识本身特性的结合，一方面定义了企业家群体和其他人力资本不同的地方；另一方面解释了竞争的存在。因此，从知识创造的视角出发，以柯兹纳为代表的学者在对企业家发现机会这一过程的捕捉和描述，本身就是企业家利用知识，实现创新的过程。

在对企业家研究的过程中，以熊彼特（Schumpeter, 1934）为代表的重要学派对企业家本身有着不同的理解。如果以柯兹纳为代表的学者侧重的是企业家识别和发现市场机会的功能，那么熊彼特式的企业家则强调"从零到一"的创造与创新。基于对创新的理解和定义，熊彼特认为，企业家是"实现新组合"的创新者。当然，从现实看，相较于以柯兹纳为代表的学者通过市场不均衡中企业家发挥的作用定义企业家，熊彼特对于企业家的定义存在某种理想主义色彩：并非所有的企业家都是新知识、新的组织形态的创造者。但即便如此，从知识到创新转化的过程中，企业家依旧发挥了重要的作用。随着创新在经济发展中变得越来越重要，企业家活动的创新功能得到了更多的重视，其中很重要的一点就是企业家在从知识到创新转化的过程中的直接作用。

从知识的属性看，知识本身具有很强的不确定性（Arrow, 1962）。这种不确定性体现在两个方面：一是不确定新的知识能否生产出新的产品；二是不确定新的产品是否能被市场所需要。在这种不确定下，知识的创造者对其价值的认知与知识最终利用者的预期存在很大的偏差。因此，存在一部分新知识被创造出来，却没有被其拥有者充分地开发；而那些被创造者和拥有者进一步开发和市场化的知识，同样存在着由于对市场的认知不准确的效率低下。因此，在知识从创造者、所有者到使用者的溢出过程中，企业家扮演着重要的角色。

将企业家直接作为知识溢出主体的明确论述来自奥德兹和莱曼（Audretsch and Lehmann，2005）。奥德兹等聚焦了一种更为具体的知识创造者和使用者不同步的现象：对基础研究和知识生产投入巨大的大企业，在创新产出的效率上，总是比不上新设立的中小型企业。针对这个现象，奥德兹从更加抽象、宏观的视角提出了一种假设，这些在大企业中被创造出来，却没有能实现创新和市场转化的知识，通过某种形式，被这些中小型企业加以利用和转化。奥德兹（Audretsch，2012）将大企业中创造和拥有的知识无法实现创新或是进一步转化的现象概括为知识过滤；而新设立的企业，或与拥有知识的大企业有紧密联系的中小企业，对这些知识加以利用、实现创新的过程，被称为知识溢出。显然，在知识溢出的过程中，企业家是最重要的主体和决策者。

基于知识本身所具有的分散性和不确定性，从对企业家的不同理解出发，企业家个体作为知识溢出的渠道直接影响区域创新。在这个过程中，企业家的空间接近性具有重要的意义。企业家集聚对区域创新的直接效应，不应该是简单意义上个体企业家对创新效应的加总。在企业家作为知识溢出主体的过程中，一个隐含的重要前提就是企业家和知识创造者和拥有者之间距离的接近性。知识的溢出过程本身受到距离的影响，只有面对面的沟通才能实现有效的知识创造。在这种沟通中，在位企业的企业家和新创办的企业的企业家之间的交流具有重要意义。在奥德兹（Audretsch，2005，2012，2013）的研究情境中，在位的企业就是知识溢出过程中知识的创造者和拥有者。从这个角度看，企业家作为知识溢出的途径同样暗含了企业家之间的空间临近性。在现实的产业发展过程中，大企业和龙头企业所在地周围存在着许多中小型企业和新兴企业，是对这一情境最好的说明。从企业家空间分布的角度看，实际上，这种产业集聚背后是企业家的集聚。

5.2 企业家集聚对区域创新的间接影响

企业家集聚对区域创新的间接影响，是指除企业家创办企业的知识溢出效应外，企业家作为创新主体，在其创新过程中对所在区域的其他要素产生的影响。相较于其作为知识溢出的载体本身，企业家在创新过程中对其他主体产生的影响是更为间接的。

为了进一步分析企业家集聚对区域创新的影响，本节将企业家集聚对区域创新的影响按照企业家本身的意愿，分为主动溢出和非主动溢出。

5.2.1 主动溢出

主动溢出是指按照企业家的个人意愿，主动对区域创新产生的溢出，既包括在企业经营过程中企业家和其他创新主体间的分享、协作带来的创新影响，还包括基于非经营性的、企业家社会网络的主动分享和帮助。首先，企业家在经营过程中会主动与其上下游供应链、消费者产生密切的联系。在这个过程中，企业家会主动与这些主体分享自己创新的理念与成果，由此带动区域内其他主体的创新行为。其次，企业家集聚带动了分工协作。这种分工协作带来了马歇尔外部性。对于那些对现有技术提升对增量创新（Schumpeter，1942），其对专业性知识的要求更高，在分工不断提升的情况下，马歇尔外部性对于提升增量创新更为显著。企业家集聚客观上促进了企业间的合作，开展联合创新。在不同类型企业的联合创新过程中，雅格布尔外部性起着主要的作用。一方面，有利于跨行业的知识溢出和创新；另一方面，在协作过程中，使企业家基于自身的社会网络，更快、更低成本地集聚创新所需的各种资源，并且分散创新所带来的风险，有利于从整体上促进区域创新的产生。

事实上，除了企业家在其经营活动过程中产生着主动的创新溢出，社会关系也深刻影响着企业家的活动。企业家最初进行经营活动决策的时候,很有可能并不从集聚的经济效应中获益(Sorenson,2018)。在中国商业文化发展的语境中,企业家集聚有着更为丰富的内涵。李胜兰认为,中国的商业文化自古就带有"传帮带""义气"的文化要素,传统的亲缘关系和地缘关系作为一种重要的非正式制度,是促进当地集群企业合作关系形成,推动创新发展的重要因素。人情文化下,企业家沿着既有的社会网络大量诞生,创新也沿着这样的社会网络在区域内扩散并进一步发展。

5.2.2 非主动溢出

企业家集聚对于区域创新的非主动溢出,指由于企业家集聚带来的外部效应,包括三方面的内容:①企业家之间的学习效应;②竞争效应;③企业家集聚对区域创新文化的塑造和影响。

学习效应是指由于企业家的集聚,一部分企业家对另一部分企业家的主动学习与模仿。一个区域内部分具有创新意识和能力的企业家会成为区域内具有示范效应的创新领军人物,其创新案例成为区域内其他企业家的学习对象。尽管企业家集聚本身代表了地理距离上的临近性,但事实上,这种地理距离意义上的临近,不可避免地会带来文化和心理距离上的接近。在这种情境下,企业家之间会形成一种更强的学习效应,其行为学和心理学的依据,在于人们总是倾向于选择与其自身具有某种相似性的参照物进行自我对标和评价。正是基于这种对标,带来了企业家集聚之间非主动的正向影响。

企业家集聚所带来的竞争效应,指同一产业内,业务和背景相似的企业家之间由于互相竞争而产生的追赶行为。一个企业家的创新,会对其他企业家产生刺激。这种刺激存在两种不同的效应:一是企业家在创新产出维度上的正向竞争(刘修岩和王璐,2013);二是当面对有限的市场,企业家的集聚程度又比较高时,企业家之间可能产生恶意的竞争(Roberto and Giulio,2011)。这样的竞争将引发创新效率的损失,进而对区域创新产生负面影响。发生这种恶性竞争的原因是企业家所在区域的制度无法对企业家的创新成功形成有效的保护。而在复制创新的门槛较低时,企业家集聚则加速了这种扩散,造成了对已有创新的破坏。

企业家集聚对区域创新的另一个重要价值在于对区域创新文化的塑造。萨克森宁(Saxennian,1994)通过比较波士顿128号公路和硅谷得出结论,由于二者文化背景的差异,直接导致20世纪80年代二者在市场、起点和技术相同的信息产业的巨大差距。在硅谷,企业家们通过网络合作、互相学习和推崇冒险的创新文化,在激烈的竞争中脱颖而出;而在波士顿128号公路,推崇传统和集权,企业家的创新活力被抑制,因此这一区域逐渐没落。当一个地区企业家集聚时,其企业家群体的文化中推崇冒险、创新、变革的部分将被进一步放大,这种影响是企业家非主动的,对区域间创新的影响是间接的。

5.3 企业家集聚对区域创新影响的作用机制

19世纪70年代末,学者格里利兹(Griliches,1979)提出了知识产品函数的基本框架,构建了知识产出和知识投入之间存在的基本映射关系:

$$R\&Doutput = F(R\&Dinput^{\beta}) \tag{5-1}$$

学者们在这个框架下进行了两方面的拓展。首先,认识到创新产出和知识产出就像一个硬币的两面,知识产出的框架同样也适用于创新研究。其次,将知识生产过程中的投入聚焦于人力资本投入、研发投入两个要素。由此,创新生产函数进一步抽象地表示为:

$$I_{it} = \alpha RD_{it}^{\beta} HK_{it}^{\gamma} \varepsilon_{it} \tag{5-2}$$

其中,I代表创新产出,RD表示研发投入,HK表示人力资本,i代表不同的国家、城市、区域或产业等的研究对象,t表示特定的时间段。

基于这些研究,一个基本的认识和结论是,创新产出是基于人才和资金的组合。而从企业家理论出发,企业家一方面通过自身的人格魅力与愿景,在企业经营和发展过程中,不断整合资源,包括人才和资本;另一方面,企业家通过发挥对其所在企业的经营管理权,作为市场配置资源的主体,对人才和资本的配置起着重要作用。从人力资本的视角看,与科学家、研发人员、工程师等其他类型的人力资本相比，企业家或许并不是新知识的创造者，但确实能够识别真正的市场机会。基于此，企业家进一步发挥自身"集聚和配置资源"的角色特性，整合实现创新需要的资源并承担从"新知识"到"新产品"转化过程中的风险，进而促进创新。基于此，我们进一步分析企业家集聚是如何通过资本，特别是风险投资这个用于对冲企业家风险的创新金融产品（Hall and Lerner，2010），以及人才两大机制对区域创新产生影响的。

5.3.1 企业家集聚、风险投资与区域创新

1934年，熊彼特对金融市场、企业家行为和创新之间的关系做出了创造性的解释。他认为，以"信用创造"为特征的现代金融是企业家创新的一大重要基础。早期的企业家理论并未详细地对金融如何促进企业家的创新做出解释，对于企业家的创新行为，管理学和企业家理论更多地将其认定为满足企业家"自我实现"的心理，企业家进行"破坏性创新"的动机并非企业家个人财富的最大化（Schumpeter，1934）。这种特性也成为企业家理论定义企业家精神的核心所在。

与企业家理论和管理学相关的研究不同，从经济学的视角出发，如果将企业家的活动视作投入资源的生产函数，那么企业家活动的根本目标在于追求产出的最大化。企业家的创新过程不是简单地考虑创新投入和创新产出对应关系的决策，需要将成功的概率考虑其中（Stevenson and Jarillo，1990）。在这种情况下，创新活动的风险越高，企业家越有可能引入外部金融产品，以转嫁、分担风险（王玉霞和王妍文，2018）。作为企业家创新风险的创新金融产品，风险投资成为企业家对冲创新风险的重要工具。风险投资（Venture Capital，VC）广义指为早期成立的、创新的高速成长企业提供的投资。

风险投资对于企业家创新行为的影响有两个方面。

其一，风险投资的资金本身为企业家的创新提供了资金。尽管已经有研究关注到金融发展水平对于企业家显现和分布的影响（Bossone，2001；

李林等，2011），而相较于银行等传统的金融机构，风险投资的资金直接投向初创企业，对企业家的创新支持更为直接。带来高回报的创新行为是，其早期具有高投入、高风险的特点，在缺乏现金流和企业固定资产的情况下，企业家无法从银行获得信用支持（Peneder，2007）。因此，较其他形式的金融产品，风险投资对于企业家创新的影响更加直接。

其二，风险投资为企业家创新提供了智力和经验支持。从企业个体看，风险投资作为股东和董事会成员，在对企业的管理过程中，刺激了企业的创新行为，加速了企业的创新产出。从区域范围看，风险投资机构成为不同区域、不同企业之间，知识溢出的重要载体（Audretsch and Keilbach，2008）。风险投资对投资企业创新能力的促进作用已得到国内外众多学者的认可（Audretsch and Feldman，1996；Hellmann and Puri，2000）。中国情境下的实证研究表明，风险投资还能为企业家提供资金支持和先进的管理经验，激发企业家创业的积极性，是促进企业家成长和创新发展的重要推动力（Samila and Sorenson，2011）。

以往的研究从微观视角上说明了风险投资对于企业家创新行为的重要影响，却忽视了从集聚视角进一步审视其作用机制。事实上，企业家集聚进一步降低了风险投资基金的搜寻成本，提升了其投资效率和决策质量。这种搜寻成本的降低不仅源于地理距离的临近而带来的时间成本的降低，更源于企业家集聚的社会网络所带来的信任成本的降低。企业家集聚使得风险投资机构能够在投资过程中，基于企业家的社会网络进行更好的背景调查，获得更高质量的信息，以更好地进行投资决策。因此，在企业家集聚的过程中，风险投资机构得以更好地发挥其对企业家创新的作用，成为企业家集聚影响创新的重要机制之一。

5.3.2 企业家集聚、人才与区域创新

人才是企业家实现创新的重要实现途径，包括两方面的含义。

首先，企业家作为区域内知识溢出的载体，是通过整合区域内，乃至其他区域的人才实现的。这些人才本身具有创新的想法，通过与企业家才

能的合作，促进想法的转化。一个典型的例子是顶尖大学和一流研究所的研究人员与企业家的合作越多，企业层面和区域内的创新通常越加活跃（Zucker and Darby，1998）。尽管企业家本身对于市场机会的发现和识别有着异于常人之处，但企业家创新想法的最终实现，需要人才的执行。高知识储备的人才对于更高水平地实现创新想法有重要的作用。

其次，从集聚的视角看，企业家集聚有利于提高区域人才专业和岗位之间的匹配效率和匹配度（Papageorgiou，2013）。产业集聚理论的外部性在于形成劳动力的"蓄水池效应"，但这个机制事实上是通过企业家的集聚得以真正实现的，因为企业家才是劳动力真正的雇主。某个区域的企业家集聚，意味着区域内存在更多的工作机会和岗位需求，企业家本身能够"集聚和配置资源"的特性促进了该地区劳动力供给的增加，也为劳动力资源的自我价值实现提供了必要的其他资源。劳动力供给增加的背后意味着充分竞争，这个过程中提高了劳动力专业技能和岗位之间的匹配度（Gerlach，2009）。其中，专业性的提升有助于区域创新的提升。除此之外，企业家集聚对不同类型人才的集聚也有重要作用。这些不同专业、背景的人才集聚，进一步促进了知识的交流和创造，有助于提升区域创新水平。

综上所述，风险投资和人才都对企业集聚发挥对区域创新的影响有着重要的作用。在风险投资更发达的区域，企业家集聚对区域创新能够发挥更强的正面作用；人才资源丰富的区域，企业家集聚对区域创新能够发挥更强的正面作用。

5.4 异质性企业家集聚对区域创新的影响

随着本书将个体意义上的企业家集聚作为研究的对象，一个不可避免的问题是，不同类型的企业家集聚对区域创新的影响是否有区别。事实上，在企业家理论的发展过程中，学者们对不同情境下的企业家进行了分类。夏莫和克里斯曼认为（Sharma and Chrisman，1999），企业家的活动不仅在于创建新的企业，在已有企业内部也同样存在企业家的活动。从这个视角看，企业家也随之被分为"独立创业企业家"和"附属创业企业家"两种类型。所谓"附属创业企业家"是指在已有企业内部开拓的新的业务版图、实现新的企业战略或是开展以企业为投资主体的风险投资活动等。这样的划分本质上在企业家研究中延续了产业经济学关于独立企业和关联企业的划分（Klepper，2010）。鲍莫尔与席林（Baumol and Schilling，2008）将企业家分为"复制型企业家"与"创新型企业家"。相较于创新型企业家而言，复制型企业家建立的企业与已存在的企业有一定的相似性；而创新型企业家则更加接近熊彼特意义上理想主义的"企业家"。

除此之外，在组织创新语境的研究中，企业家的个体异质性受到了许多学者的关注。一部分研究的关注主要集中在相对外在、更加可测度的因素上，比如，企业家个体的受教育程度和从业经历与所在企业创新绩效的关系（郑健壮，2004；何韧等，2010）；另一部分人从相对隐形角度对不同类型的企业家进行了研究，如企业家的社会资本、政治关联等（贺小刚和沈瑜，2008）。基于问卷和社会调查的研究方法，这些研究能够获得更多的企业家层面的数据，但这些研究并未能从空间视角上，对企业家群体对区域创新的影响进行进一步的探究。

尽管不同的研究领域、不同的学者看待企业家的视角不同，但这些研究背后所揭示的一个共同点在于，异质性的企业家对所在企业的创新产出有所影响。从企业家集聚的角度考虑，企业家集聚本身从内涵上代表了企业家的地域属性。从社会学对群体的认知和定义看，不同区域的企业家群体具有共同的认识和群体意识（Gustave，1895），而这些群体意识来自企业家所在区域的文化传统和社会价值观。赵向阳等（2012）从现代主义文化和传统主义文化两个维度出发，验证了两种不同的文化语境对创业行为的影响。一般意义上，以集体主义文化为核心的传统主义文化主导的区域，形成的企业家集聚更加注重秩序的维护，因此这种类型的企业家集聚对区域创新的直接影响较为有限。而这种文化语境的另一面是企业家更加注重个人意愿主导的分享行为，在这个过程中，对区域创新产生间接影响。在更加强调未来导向的现代主义文化中，企业家集聚的竞争效应更强，更加注重生产经营过程中的联系。基于企业家集聚对区域创新影响的分类，现代主义文化主导的企业家集聚对区域创新的直接影响更强。必须承认的是，文化和价值观的形成受到诸多因素的影响，其评估不可避免地存在一定的主观性，且在经济社会动态发展的语境下，较难通过一个统一的框架对文化和价值观进行更为细致的研究。

对异质性企业家集聚的一个更为可行的研究思路，是从企业组织的理论出发划分不同类型的企业家集聚。企业组织理论发源于马歇尔（Marshall，1890），是现代企业家理论的开端和起源。在对不同规模的企业采取不同经营策略的阐释中，马歇尔无意识地对"大企业的企业家"和"小企业的企业家"进行了评述，并指出相较于小企业而言，大企业在技术创新方面整体上具有优势。在企业视角下对组织创新产出的研究中，国内外的许多学者也证实了这一点。这些研究主要是以规模差异产生的研发投入不同为切入点，解释大企业和小企业在创新产出上的差异（周黎安和罗凯，2005；张颖和郭梦娇，2016）。而从企业家的视角出发，大企业的企业家有着更多的资源可以进行调配，能够给予创新更多的支持。这更加符合马歇尔意义上的企业家。而小企业的企业家面对的创新资源约束更强，因而无法给予创新更多的支持。但并不意味着企业家所掌管企业的规模越大，其创新产出就越多。事实上，企业家的知识溢出理论已经说明了，当企业规模太大时，尽管企业有足够的资源投入知识的创造，但却由于企业的路径依赖等知识过滤的存在，使得这些知识最终没有能够实现创新产出。因此，从这个角度看，适当规模企业的企业家有更多的资源投入创新，且不受知识过滤的影响，有更多的创新产出。

从企业家集聚的视角进一步审视这个问题，按照企业的规模对企业家的集聚进行划分，至少有三种情形：小企业的企业家集聚、大企业的企业家集聚以及规模不同企业的企业家的集聚。当企业家在区域内形成集聚后，对区域创新而言，一个直接的推理是，适当规模企业家的集聚对区域创新的正面影响是最大的。除此之外，值得提出的是，根据企业家的知识溢出理论，大企业内部虽然由于知识过滤，无法实现从知识到创新的转化，但大企业的研发投入和知识创造却能够通过企业家的知识溢出促进区域创新的实现。

不同行业的企业家有着不同的知识结构。从企业家理论和人力资本理论出发，企业家的教育背景、从业经历对其行业选择有着重要的影响。与此同时，企业家所处行业的竞争水平有着巨大的差异，在不同的行业中，企业家在创新领域才能的发挥也有所不同。企业家所处行业本身对企业家创新才能发挥存在影响。奥德兹和费尔德曼（Audretsch and Feldman，1996）计算了通过新产出销售衡量的创新产出的基尼系数，发现在知识密集型的行业，创新活动空间意义上的分布更加集中。随着生物技术和新兴信息技术产业的发展，涌现了一批具有专业背景的企业家，这种类型的企业家群体在研究中被定义为"科技企业家"（technological entrepreneurship）（Nichols and Armstrong，2003）。相较于其他行业的企业家，科技企业家有着更强的创新能力。科技企业家的集聚直接促进了硅谷、波士顿等区域创新产出的提升。

5.5 空间视角审视企业家集聚对区域创新的影响

从空间视角审视企业家集聚与区域创新的关系，需要从空间内和其关联空间分别考虑企业家集聚对区域创新的影响。基于以上企业家集聚对区域创新影响的分析，空间内，一方面，企业家本身作为知识溢出的渠道，对所在区域的创新具有直接的影响。由于知识溢出受到地理距离的影响，企业家自然地在知识创造地和知识存量丰富的地区集聚，由此带来从知识到创新的转化。另一方面，企业家集聚对区域内的创新还产生着其他的正向间接影响。这体现在企业家集聚在区域带来的主动分享和协作行为，体现在企业家集聚所带来的关于创新的学习、示范和竞争效应。企业家的集聚强化了这些效应对区域内创新的影响（见图5-1）。

企业家集聚对创新的影响不仅发生在其所在区域内。已有的集聚经济理论主要关注区域内企业集聚对创新的影响，而对其存在的跨区域影响的

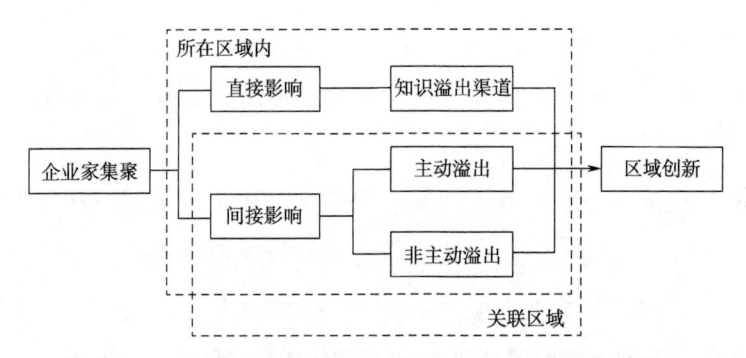

图 5-1　空间视角下企业家集聚对区域创新影响的理论框架

研究有限。随着市场化程度的不断提高，各地区之间的行政壁垒不断被打破，经济要素在不同区域间的流动也在加强。交通技术和通信技术的发展使得跨区域信息交流和物资交流的成本不断降低，地区间的经济社会合作也变得日益紧密。因此，一个地区企业家的集聚对其空间关联地区的创新，将随着经济社会合作产生影响。基于企业家对区域创新影响的理论分析，创新影响主要来自企业家集聚对区域创新产生的间接影响。企业家作为知识溢出的渠道围绕着知识产生的主体分布。知识溢出有地理距离的限制，在城市的语境下，对创新的直接影响主要发生在企业家所在区域内。而相较于企业家集聚对创新的直接影响，间接影响既对所在区域内，也对其关联区域的创新有影响。这种影响可能是正面的，也可能是负面的。区域间存在着不同的关联关系，但无论哪一种关联关系，在创新的语境下，随着区域间关联关系强度的下降，企业家集聚对区域创新的间接影响也不断减少。事实上，从另一个角度看，企业家集聚对创新的间接影响是随着空间联系的不断降低而降低的，这种关系不仅发生在区域内，也发生在关联区域之间。

企业家集聚对关联区域创新的影响主要通过三个方面发挥作用。

首先，一个区域形成的企业家集聚，通过产业链上下游的分工与协作，该地区企业家的创新意识和想法将通过有形的商品贸易、无形的人员交流等方式，在经贸合作过程中，主动分享其创新想法。此外，不同区域之间的不同企业同样存在着分工与协作，分工和协作的过程，也进一步影响一个地区企业家集聚对其关联地区创新的影响。这三种方式均属于该地区企业家在主动的经营过程中，对关联地区创新的空间溢出效应。

其次，某地区的企业家集聚会造成与关联地区创新要素的模仿和学习。无论是区域间的地理关联、经济关联还是行政上的关联关系，一个区域内企业家集聚所产生的创新产出将对其关联区域产生示范效应。这样的示范和带头作用，会带动关联区域的模仿和学习。区域之间的关联越紧密，创新主体之间的相似性越高，示范效应就越强。

最后，地区之间的关联越紧密，产业结构和要素禀赋越接近，产生的地区之间竞争效应越强。这种企业家之间的竞争效应对区域间的创新产生的影响可从两方面看。一方面，不同区域间的企业家互相赶超，同辈压力会促进更高的创新产出；另一方面，在创新产出的竞争过程中，企业家集聚本身意味着对各种创新资源的争夺。因此，这种竞争效应导致一些区域对另一些区域创新资源的"虹吸现象"，进而对关联区域的创新产生负面影响。

基于以上分析，企业家集聚对关联区域产生的影响包括三个方面：通过协作带来的正面影响；基于企业家之间学习效应产生的正面影响；由于关联区域之间产生的相似性造成的竞争效应，而导致的对关联区域创新产生的负面影响。

5.6 本章小结

本章基于集聚理论和知识溢出理论，梳理了企业家集聚对区域创新影响的理论框架分析。企业家集聚对区域创新的影响包括直接影响和间接影响。直接影响是指企业家本身作为知识溢出的途径，直接促进了从知识到创新的转化。企业家在创新过程中，基于企业经营或非企业经营、发自其个人主观意愿与非主观意愿产生的影响为间接影响。企业家集聚实现间接影响的途径包括主动的分享与协作，也包括非主动的示范效应和竞争效应。其中，竞争效应将对企业家集聚创新产生负向的影响。

本章从创新函数入手，重点分析企业家集聚如何对人才和资源产生影响，进而促进区域创新产出。企业家的创新是以信用创造为前提的，金融市场的发展对企业家的创新有重要的促进作用。本章重点分析了以风险投资为代表的金融系统如何支持企业家的区域创新。一方面，企业家将风险投资作为创新的物质基础；另一方面，风险投资降低了企业家创新的风险，并通过一系列的管理经验和知识的输出，促进了企业家的创新行为。企业家的集聚对于降低风险投资的搜寻成本有重要意义。类似的，人才也是企业家实现创新的重要机制。科研机构、人才个体都不足以解释区域的创新。人才作为知识的拥有者，与企业家结合，通过企业家激励实现了知识到创新的转化。而企业家集聚对于人才的定价、降低人才市场的摩擦有着重要的意义。

已有的企业家理论和创新理论都关注了企业家的异质性。从创新的微观视角看，大企业的企业家因为能够调配更多的资源，相较于小企业的企业家而言，能够产生更多的创新。然而，随着企业规模越来越大，企业内部的层级、路径依赖逐渐成为创新的桎梏。在这种情况下，大企业内部的极少部分富有企业家精神的员工会选择通过创业的方式，在现有组织外部实现创新，即企业家本身成为知识溢出的主体，促进区域创新。这些创新的、小企业的企业家会与原有的企业保持较近的距离——其本质动因是"大企业的企业家"与"小企业的企业家"之间的集聚。除此之外，不同背景知识、不同行业的企业家集聚对所在区域的创新产生不同的影响。在对企业家的研究中，科技企业家无疑是对区域创新有着最大影响的群体。硅谷不可复制的崛起是科技企业家集聚的结果。

企业家集聚对区域创新的影响不仅体现在对所在区域，还体现在对关联区域创新的影响上。企业家对所在区域的影响不仅体现为直接影响，更包括间接影响。区域间的关系越强，其影响的程度越强；区域间关联越弱，其影响的程度就越弱。

基于上述论述，研究得到五个重要的基本命题。

(1) 企业家集聚对所在区域内的创新有着正向的影响。

（2）企业家集聚通过风险投资对区域创新产生影响，风险投资是企业家集聚发挥创新影响的重要途径之一。风险投资发达的地区，企业家集聚对区域创新能够发挥更强的正面作用。

（3）企业家集聚通过人才对区域创新产生影响，人才同样是企业家集聚发挥创新影响的重要途径。人才资源丰富的地区，企业家集聚对区域创新能够发挥更强的正面作用。

（4）不同类型的企业家集聚对区域创新产生的影响不同。大企业的企业家集聚相较于小企业的企业家集聚，能够促进区域创新水平的提升。当企业超过一定规模时，大企业内部的知识会通过企业家作为知识溢出的主体，实现组织外的创新转化。不同行业背景的企业家集聚对区域创新的影响不同。科技企业家最能带动区域内创新水平的提升。

（5）企业家集聚对关联区域的创新同样有着正向的影响，且随着区域间关联关系的减弱而减弱；鉴于区域内企业家之间更强的竞争效应的存在，企业家集聚对区域内创新的影响会小于其对区域间创新的影响。

6 区域内企业家集聚对创新影响的实证分析

　　基于对 2012—2017 年我国企业家实际办公地址的分析，计算出我国 286 个地级市企业家集聚的区位熵，从数值上刻画了我国企业家集聚的真实情况。本章在企业家集聚数值计算的基础上，通过空间计量模型分析企业家集聚对所在区域创新的影响。本章首先从变量说明、数据来源以及模型构造的角度，对实证研究的设计进行了说明，并通过企业家集聚与创新的交叉 Moran I 指数，以及对企业家集聚与区域创新 OLS 回归的空间效应检验的角度，论证了需要进行空间计量分析的必要性。基于 286 个城市的地理二值权重矩阵，运用空间杜宾模型对企业家集聚与区域创新进行了回归分析。其次，基于不同空间权重矩阵，进行了稳健性检验。鉴于我国幅员辽阔，不同区域内差异巨大，针对我国东西部及南北方的差异做了进一步的异质性分析。在此基础上，将实证的结果与已有区域企业家精神与区域创新相关研究的结果做了对比分析，进一步增强实证结论的可靠性。

6.1 研究设计

6.1.1 变量说明与数据来源

6.1.1.1 解释变量

　　企业家集聚（*Entrepreneur*）：企业家数据来源于中国领先的商业信息服务平台北京企名片科技有限公司。针对中国 286 个地级市的企业家数量，根据企业家实际办公地址统计了各城市的企业家的数量。参照集聚研究常见的区位熵（Henderson et al., 1995）计算方式，分别计算了各城市企业家集聚的区位熵（见第4章），作为衡量企业家集聚的指标。

6.1.1.2 被解释变量

区域创新（Innovation）：选择各地级市专利总数作为衡量区域创新的指标。我国各地级市授权专利数由发明专利授权数、实用新型专利授权数和外观设计专利三种受专利保护的发明创造数量加总而来。本书不仅将创新理解为单一层面的产品创新或技术创新，还包括企业生产流程与管理的改造，是一个面向市场的、综合的提升过程。尽管专利只是创新的过程产出，用专利衡量创新存在一定的局限和争议，但专利是目前研究中最为广泛使用的衡量创新的指标，也是在本书研究的空间尺度下，获得的最全面的指标。为更加准确地衡量区域创新水平，采用的专利数为每年实际授权专利数。

企业家对城市创新的溢出效应（Effects）：统计了各城市企业家所在企业历年所获得的授权专利数的总和。由于这些专利权的主体为企业家的企业，因此，从某种意义上说，其直接受到企业家行为的影响。本章将各地级市当年全部创新减去企业家所在企业家的创新，代表不受企业家直接影响的创新产出，用于衡量企业家对城市创新的溢出效应。

6.1.1.3 其他控制变量

根据已有实证研究通行的处理方式和对区域创新基本理论的研究，选择四个变量作为研究的控制变量。

区域经济发展水平（GDP）：采用城市国民生产总值测度该城市的经济发展水平。理论和实证研究表明，经济发展水平是一个地区综合实力的代表，越高的经济发展水平，有着越强的创新能力和产出。除此之外，在我国的现实语境下，经济发展水平同样代表了市场化程度和对外开放程度，二者对创新有正向影响。在实证过程中，采用城市国民生产总值的对数值进行回归。

区域教育投入水平（Education）：采用该地区的教育事业费（万元）支出衡量区域教育发展水平。创新，归根到底是由人才决定的，而教育投入是区域人才资本形成的最重要方式。在实际分析过程中，本章对教育事业费用取对数进行分析。

研发投入水平（R&D）：采用区域科学技术支出作为衡量区域研发投入的指标。区域内的科学技术支出是指区域内公共预算支出中科学技术支出项目，包括基础研究、应用研究、技术研究与开发等研发投入。由于研究涵盖的地级市较广，因此未能将所有企业的研发投入数据纳入回归中，但政府公共预算支出是区域研发投入的重要来源，研发是产生创新的重要环节，研发的投入促进区域创新产出。本章参照纳西罗夫和阿思勒斯（Nasierow and Arcelus，2003）、毛金详（2019）等学者的做法，采用滞后一期的研发投入数据（即2011—2016年研发投入数据）作为控制变量，并在实际回归过程中对其取对数。

基础设施水平（Telcom）：本章采用区域邮政、电信业务收入（万元）衡量其基础设施水平。年鉴统计的该项指标既包括了全社会所有从事电信运营企业的业务收入，还包括了邮政企业和年业务收入200万元以上的快递企业的收入。在我国情境下的创新研究中，有采用区域年末实有城市道路面积、区域全社会用电量等变量，衡量区域技术设施水平的。随着理论研究的深入，创新越来越依托于人与人之间的交流。因此，邮政、电信业务的收入不仅能反映当地基础设施水平，还能从一个侧面反映当地与外界的交流水平。

需要进一步说明的是，《中国城市统计年鉴》对各城市（包括直辖市、省会城市和其他地级市）的相关统计指标，按照地区和市辖区两类分别列出。其中，市辖区包括城区、郊区，是城市的主体区域，而地区则包括市区和下辖县、县级市。由于企业家的主要经济活动区域基本集中在市辖区内，因此本章使用的数据统一为《中国城市统计年鉴》中市辖区下相关的统计指标。

6.1.1.4 其他变量说明

所属区域（Areas）：根据286个地级市所在的区域，按《中国城市统计年鉴》对所属区域进行了手动划分。北方指样本中位于我国秦岭淮河以北的131个城市，南方指位于我国秦岭淮河以南的155个城市。依据我国经济和社会研究的惯例，将属于北京、天津、河北、辽宁、上海、江苏、浙江、福建、山东、广东和海南的115个城市划分为东部地区；将属于山西、内蒙古、吉林、黑龙江、安徽、江西、河南、湖北、湖南等省份的109个城市划分为中部地区；余下的62个属于四川、贵州、云南、西藏、陕西、甘肃、青海、宁夏、新疆、广西的城市则划分为西部地区。

对研究中涉及的主要变量名称、单位及数据来源整理如表6-1所示。

表6-1 变量含义及其来源说明

变量名称	指标	经济含义	单位	数据来源
Entrepreneur	企业家的区位熵	企业家集聚	比值	前文计算（详见第4章）
Innovation	区域专利总数	区域创新水平	件	《中国城市统计年鉴》
Effects	区域专利总数扣除企业家所在企业专利数	不直接受企业家影响的区域创新水平	件	前文计算
GDP	国民生产总值	区域经济发展水平	件	《中国城市统计年鉴》
Education	市辖区的教育事业费支出	区域教育投入水平	万元	《中国城市统计年鉴》
R&D	市辖区研发投入值	区域研发投入水平	万元	《中国城市统计年鉴》
Telcom	市辖区电信业务总量	区域基础设施水平	万元	《中国城市统计年鉴》
Areas	地级市属于南方、北方、东部、西部、中部	城市所属区域	虚拟变量	前文计算

本章涉及的各变量的描述性统计如表6-2所示。

表6-2 研究中涉及变量的描述统计特征

变量名称	单位	均值	标准差	最大值	最小值
Entrepreneur	比值	0.69	3.49	60.33	0.10

续表

变量名称	单位	均值	标准差	最大值	最小值
Innovation	件	4 685.83	10 652.35	106 499.00	0
Effects	件	4 282.12	9 380.79	100 358.00	0
GDP	万元人民币	243 000 00.00	32 400 000.00	306 000 000.00	1 238 359.00
Education	万元人民币	332 636.70	773 282.74	9 645 817.00	3 382.00
R&D	万元人民币	74 004.72	301 274.54	44.00	4 035 240.00
Telcom	万元人民币	439 848.50	768 233.72	14 000 000.00	4 908.00

6.1.2 空间权重矩阵设置

基于本书的理论分析，作为知识溢出的渠道，企业家对区域创新的直接影响主要集中在所在区域，随着区域间经济合作的日益紧密，企业家对区域创新的影响还体现在关联区域中。根据托布勒地理学第一定律，相近事物的联系更加紧密，而企业家集聚对关联区域创新的影响存在随着距离的增加而衰减的效应。因此，对不同区域的企业家集聚变量，需要赋予空间权重。

空间矩阵的设置是进行空间分析所必须考虑的第一个问题，选择合理的空间权重矩阵是进行正确空间分析的前提（张可云和杨孟禹，2016）。

空间权重矩阵反映的是个体变量在空间中相互依赖的关系，通过矩阵中的数值大小进行表达。根据定义，城市 i 对城市 j 的空间影响因子记为元素 w_{ij}，则城市 n 之间的空间权重矩阵为：

$$W = \begin{bmatrix} w_{11} & \cdots & w_{1n} \\ \vdots & \ddots & \vdots \\ w_{n1} & \cdots & w_{nn} \end{bmatrix} \tag{6-1}$$

将空间权重矩阵 W 与研究的解释变量各区域的企业家集聚相乘，即可得到用于衡量企业家集聚空间溢出效应的变量 $Wentrepreneur_{it}$，企业家集聚变量的空间滞后项，表示在空间关系下溢出效应。对应的现实意义是，企业家作为区域内的人力资本对区域创新的影响，随着不同的地理和空间因素发生着变化。

在本节中，首先采用地理二值矩阵（地理邻接矩阵）作为空间权重矩阵进行空间分析。当城市 i 与城市 j 不相邻，或 $i=j$ 时，空间影响因子 w_{ij} = 0，否则 w_{ij} = 1。基于 286 个城市的行政区划地图，通过 ArcGIS 生成了基本的空间权重矩阵。该矩阵满足了空间计量分析中要求空间权重矩阵完全外生的前提假设，其经济含义是，互相接邻的城市之间往往有着更加紧密的空间联系。

在目前的空间计量实证分析中，地理二值矩阵被广泛使用，但不可否认的是，地理二值矩阵本身只能粗略地反映空间结构关系。在地理二值矩阵中，所有与 i 城市相邻的城市对其产生的空间影响都是相同的。这显然与实际情况不符。除此之外，地理二值矩阵所包含的实际意义有限。在真实的经济实践中，城市之间的关联应该是一个连续值，且存在多种维度的关联关系。这些都是单一的地理二值矩阵所无法体现的。基于地理二值矩阵对企业家的集聚与区域创新进行分析难免存在偏颇。空间矩阵的选择和设置对空间计量的结果至关重要，正如克勒坚和罗宾逊（Kelejian and Robinson，1995）指出的，空间权重矩阵的客观性是空间计量经济学中需要解决的一个问题。因此，本节综合考虑了其他常见的不同的空间权重矩阵，进行了补充性的实证分析，使得研究结果更加客观、科学。

在空间权重矩阵中，主对角线上的元素 w_{ii} = 0。通过对空间影响因子 w_{ij} 赋予不同的数值，能够代表各城市之间不同意义上的空间关系。在空间权重矩阵中，距离越近、联系越紧密，意味着权重元素 w_{ij} 的数值越大。本节梳理了研究文献中最常使用的几类空间权重矩阵及其构造方式，如表 6-3 所示。值得说明的是，尽管已掌握的文献中还没有看到实证中使用邻接与距离组合权重矩阵和邻接与经济距离组合权重矩阵，但越来越多的研究都不止采用了一种权重矩阵对所研究的问题进行分析。复合型的空间权重矩阵包含了更多的经济信息，随着空间计量方法的成熟和在更多领域的应用，将会受到更多的关注和使用。

表 6-3 常见空间权重矩阵构造方式及含义

空间权重矩阵	权重矩阵因子 w_{ij} 构造方式	含义	参考文献
地理二值权重矩阵/地理邻接权重矩阵	当城市 i 与城市 j 不相邻，或 $i=j$ 时，$w_{ij}=0$；否则 $w_{ij}=1$	反映两个城市在空间上是否相邻	郭将、许泽庆，2019
地理距离权重矩阵	w_{ij} 为城市 i 与城市 j 之间地理距离的倒数或地理距离平方的倒数；地理距离是两个区域的质心距离或行政中心距离	反映两个城市间连续的地理距离意义上的关联程度	张玄、冉光和，2017；邵帅等，2017
经济距离权重矩阵	w_{ij} 为城市 i 与城市 j 国民生产总值之差绝对值的倒数	反映两个城市之间的经济关联性，发展水平差异越小，经济关联越强	朱平芳等，2016
邻接与距离组合权重矩阵	设置城市 i 与 j 之间的地理距离阈值，当两个空间单元的地理距离超过阈值时，认为两个城市不相邻，$w_{ij}=0$；否则 $w_{ij}=1$	弥补了两个城市之间因为实际距离过大造成的估计误差	N/A
邻接与经济距离组合权重矩阵	记地理二值权重矩阵为 W_1，经济距离权重矩阵为 W_2，邻接与经济距离组合权重矩阵为 $W_1 \times W_2$	假定了只有相互接邻的区域之间才会发生经济关联	N/A
经济与地理距离组合权重矩阵	记经济距离权重矩阵为 W_2，地理距离权重矩阵为 W_3，则邻接与经济组合权重矩阵为 $W_2 \times W_3$	假设较高经济发展水平的城市对经济发展水平较低的城市有较强的溢出作用	李婧等，2010

6.1.3 模型选择与设定

在对集聚经济的相关实证研究中，大多数研究（Henderson et al.，1995；范剑勇，2006）均在以下的框架中评估某种经济要素的集聚对产出的影响：

$$Y_{it} = G_{it} [*] F [X_{it}] \tag{6-2}$$

其中，Y_{it} 表示 i 地区在 t 时期内某种类型的经济产出，G_{it} 代表经济要素集聚程度的表达式，而 $F[X_{it}]$ 则表示具体要素 X 的投入水平。基于这个框架，生产过程中的集聚通过其外部性效应，提高了原有投入的经济要素 X 的边际生产率（张丽华等，2011），从而提升了整体的经济产出。

尽管许多学者在这个框架下，对不同要素的集聚及其经济效应进行了分析，但这个框架存在的问题是，并未将地理空间对经济活动的影响纳入其中。为了更加严谨地说明，首先采用基本的面板固定效应模型进行实证分析，并对该实证分析的结果基于地理邻接矩阵进行空间效应检验。空间效应的检验结果能够帮助我们判断具体选择何种空间计量模型。

6.1.3.1 空间效应检验

首先采用基本的面板固定效应模型：

$$\ln innovation_{it} = \alpha + \beta Entrepreneur_{it} + \gamma \ln Education_{it} + \delta \ln GDP_{it} + \varepsilon \ln Telcom_{it} + \varepsilon \ln Science_{it} + \mu_{it} \quad (6-3)$$

$$\ln effects_{it} = \alpha + \beta Entrepreneur_{it} + \gamma \ln Education_{it} + \delta \ln GDP_{it} + \varepsilon \ln Telcom_{it} + \varepsilon \ln Science_{it} + \mu_{it} \quad (6-4)$$

其中，$Innovation_{it}$ 为地级市 i 第 t 年的授权专利总数，$Effect_{it}$ 为扣除企业家所在企业专利数后该城市的专利数，衡量企业家对城市创新的溢出效应。$Entrepreneur_{it}$ 表示该年该地区的企业家区位熵，$Education_{it}$、GDP_{it}、$Telcom_{it}$、$Science_{it}$ 均为影响区域创新产出的控制变量。模型中 α、β、γ、δ、ε 为对应各解释变量的系数，μ_{it} 为随机扰动项。

在基本面板固定效应模型的 OLS 回归结果中，企业家集聚对区域创新具有正向影响，且该正向影响具有统计学上的显著意义。即便在扣除了企业家所在企业的专利数量以后，企业家的集聚程度仍然对区域的剩余专利数量有正向显著影响。因此，企业家的集聚程度越高，以专利衡量的城市的创新水平也越高。以上 OLS 回归的空间效应检验结果如表 6-4 所示。

表 6-4 对普通 OLS 回归的空间效应检验

检验项目	统计值	自由度	P 值
Spatial error:	—	—	—
Moran's I	5.728***	1	0.000
Lagrange multiplier	30.899***	1	0.000
Robust lagrange multiplier	0.243**	1	0.022
Spatial lag:	—	—	—
Lagrange multiplier	69.710***	1	0.000
Robust lagrange multiplier	39.054***	1	0.000

注：***、**和*分别表示在1%、5%和10%水平下显著。

在以上空间效应检验中，针对空间误差（Spatial error）的三项检验在5%的显著性水平下，均拒绝了"无空间自相关"的原假设；针对空间滞后（Spatial lag）的两项检验，均在1%的显著性水平下，拒绝了原假设。由于空间效应的存在，针对企业家集聚与区域创新的 OLS 回归是有偏的。检验结果要求我们将空间误差和空间滞后两个空间因素同时纳入模型中予以考虑。

6.1.3.2　空间计量模型设定

由于在企业家集聚对区域创新的影响中，存在显著的空间误差和空间滞后因素，因此我们考虑采用具有一般意义的空间杜宾模型（SDM）进行回归分析。相对于空间自回归模型（SAR），空间杜宾模型本身嵌套了空间自回归模型，因此是在空间计量中更具有一般性和代表性的模型设定形式。在普通面板模型式（1）和式（2）的基础上，以本节设置的地理二值权重矩阵 W 为基础，得到了进一步分析所采用的空间面板模型如下：

$$\ln Innovation_{it} = \alpha + \beta Entrepreneur_{it} + \gamma \ln Education_{it} + \delta \ln GDP_{it} + \varepsilon \ln Telcom_{it} +$$
$$\varepsilon \ln Science_{it} + \beta_1 W Entrepreneur_{it} + \gamma_1 W \ln Education_{it} + \delta_1 W \ln GDP_{it} +$$
$$\varepsilon_1 W \ln Telcom_{it} + \varepsilon_1 W \ln Science_{it} + W\mu_{it} \qquad (6-5)$$

$$\ln Effects_{it} = \alpha + \beta Entrepreneur_{it} + \gamma \ln Education_{it} + \delta \ln GDP_{it} + \varepsilon \ln Telcom_{it} +$$
$$\varepsilon \ln Science_{it} + \beta_1 W Entrepreneur_{it} + \gamma_1 W \ln Education_{it} + \delta_1 W \ln GDP_{it} +$$
$$\varepsilon_1 W \ln Telcom_{it} + \varepsilon_1 W \ln Science_{it} + W\mu_{it} \qquad (6-6)$$

其中，$WEentrepreneur_{it}$ 表示解释变量企业家集聚的空间滞后项。

由于回归方程中纳入空间滞后项，因此数据生成的过程中存在天然的非线性，在本书第 6 至第 8 章的实证分析中，我们将采用极大似然估计（MLE）对以上模型进行计算。

6.2 企业家集聚与区域创新的空间相关性分析

在对企业家集聚与区域创新进行具体的空间计量分析前，首先计算了区域创新的 Moran's I 指数，并在此基础上计算了企业家集聚与区域创新的交叉 Moran's I 指数。

空间相关性分析反映了不同地级市企业家的分布是否存在空间差异（spatial disparity），即因不同空间尺度下社会、经济等发展水平及其结构不同而产生差异。通常，学者采用 Moran's I 指数衡量经济变量空间相关性的全局指标（Tiefelsdorf，2006）。全局 Moran's I 指数的计算公式为：

$$Moran's\ I = \frac{n\sum_{i=1}^{n}\sum_{j=1}^{n}w_{ij}(X_i-\bar{X})(X_j-\bar{X})}{S^2\sum_{i=1}^{n}\sum_{j=1}^{n}w_{ij}} \tag{6-7}$$

其中，X_i 为该变量 X 在第 i 区的观测值，w_{ij} 为该要素相对应的空间权重矩阵，S 为所有空间权重的聚合。Moran's I>0 表示空间正相关性，其值越大，空间相关性越明显；Moran's I<0 表示空间负相关性，其值越小，空间差异越大；Moran's I=0，则该变量在空间分布上呈随机性。在目前的研究中，通常采用 ArcGIS、Geoda 等相关软件直接计算 Moran's I。

本章选择 286 个地级市授权专利总数作为衡量区域创新的指标。经计算，2012—2017 年，我国 286 个地级市区域创新的 Moran's I 指数如表 6-5 所示。

表 6-5 我国各城市创新产出的 Moran's I 分析

年份	2012	2013	2014	2015	2016	2017
Moran's I	0.534	0.530	0.570	0.575	0.589	0.596
Z	102.8	102.6	109.1	110.3	112.5	113.4

我国各城市创新的 Moran's I 指数集中在 0.5 左右，且在统计上显著，说明我国区域创新具有明显的正向空间相关性。各城市的创新产出存在空间溢出效应。纵向看，2012—2017 年，我国各地级市之间的创新空间相关性整体不断增强，说明从创新的角度衡量，区域间的联系变得更加紧密。

本章基于空间数据分析软件 GeoDa 将各城市的专利数量与企业家数量进行交叉空间相关性分析，并计算了企业家集聚与区域创新的交叉 Moran's I 指数，如表 6-6 所示。

表 6-6 我国企业家集聚与区域创新的交叉 Moran's I 分析

年份	2012	2013	2014	2015	2016	2017
Moran's I	0.436	0.373	0.450	0.465	0.472	0.452
Z	115.3	113.4	117.2	118.6	119.0	115.3

结果显示，我国企业家集聚与区域创新存在正向空间联系，其 Moran's I 指数为 0.4 左右。无论是区域创新的 Moran's I 指数，还是对企业家集聚与区域创新的交叉 Moran's I 指数，均说明空间是探索企业家集聚对区域创新影响过程中不可忽略的要素，验证了构建空间计量模型的合理性。

6.3 区域内企业家集聚对创新影响的空间计量分析

6.3.1 基准回归结果

在基本分析过程中，确定了采用同时考虑空间误差和空间滞后要素的一般意义上的杜宾面板模型。随之而来的另一个问题在于回归过程中是采用随机效应还是固定效应（时间固定效应、城市固定效应以及时空双固定效应）对问题进行实证分析。在研究过程中，基于不同的固定效应及随机效应下的空间杜宾模型进行了回归。

首先，从结果看，固定效应下的静态空间面板回归系数的符号方向与显著性和随机效应下的回归结果相似，但在对城市和时间进行控制后，解释变量的回归系数要小于随机效应下的回归系数。本节针对杜宾空间面板模型进一步做了豪斯曼检验，检验结果在1%的显著性水平下拒绝原假设，因此接受固定效应下的空间面板模型。

其次，在具体选择何种固定效应的过程中，本节从整体拟合优度、$Log\text{-}likelihood$值、ρ的显著性以及$Sigma^2$的显著性，分别对时间固定效应、城市固定效应，以及时空双固定效应三种固定效应进行了对比。实证结果显示，三种固定效应整体的ρ和$Sigma^2$均在1%的显著性水平下显著，因此，选择时空双固定效应做进一步的实证分析。

城市i内企业家集聚水平对区域创新影响的回归结果如表6-7所示。

表6-7 企业家集聚对所在区域创新影响的回归结果

变量名称	$Innovation$	$Effects$
$Entrepreneur$	0.051 0***	0.038 3**
	(0.015 3)	(0.018 7)
GDP	0.928***	0.881***
	(0.056 0)	(0.060 7)
$Education$	0.087 3***	0.117***
	(0.027 2)	(0.033 1)
$Science$	0.024 6*	0.040 5**
	(0.013 8)	(0.016 9)
$Telcom$	0.062 2***	0.079 2***
	(0.019 2)	(0.023 8)
CITY FE	YES	YES
YEAR FE	YES	YES
样本数	1 716	1 716
R^2	0.758	0.763

注：括号内为估计标准误，***、**和*分别表示在1%、5%和10%水平下显著。

从以上结果可以看出，企业家集聚对区域创新有着重要的正向影响。从整体看，企业家集聚程度每提升1个单位，区域创新水平提升5%。除此之外，在同一城市内，企业家的影响不仅局限于所在的企业本身。在扣除了企业家所在企业的专利数量后，企业家的集聚对所在城市的其他创新依然有显著的正向影响，从侧面反映了企业家的集聚对所在城市的创新同样有着正向的溢出作用。

6.3.2 基于不同空间矩阵的稳健性检验

以上回归结果揭示了企业家集聚对于城市 i 及相邻城市 j 的创新水平的影响。但在现实经济生活中，存在两个城市虽然相邻接，但是城市 i 与城市 j 之间的市辖区相距甚远的情况。在这种情况下，地理距离更加客观地反映区域之间影响的空间因素。为了保证以上分析结果的可靠性，基于地理距离空间权重矩阵进行稳健性检验。

本章在基准回归中采用空间二值矩阵，并通过地理距离权重矩阵对基准回归进行了稳健性检验。但空间权重矩阵的意义和作用不仅于此。基于各种不同空间权重矩阵的经济含义，进一步深入了解在不同空间关系的影响下，企业家集聚对创新的不同影响。除了城市接邻与否的地理二值外，进一步考虑城市间的空间经济联系，基于各城市2012—2017年人均GDP差值的倒数，构建了286个地级市的经济距离权重矩阵；考虑单一经济权重矩阵的内生性问题，构建了经济与地理权重矩阵。

从本章的研究问题出发，本节中，进一步梳理在地理距离权重矩阵、经济距离权重矩阵，以及经济地理距离权重矩阵下，企业家集聚对区域创新的影响，企业家集聚对城市内的创新产出影响结果如表6-8和表6-9所示。

表6-8 基于不同空间权重矩阵的稳健性检验（1/2）

变量名称	基于地理二值矩阵		基于地理距离矩阵	
	Innovation	*Effects*	*Innovation*	*Effects*
Entrepreneur	0.051 0***	0.038 3**	0.068 0***	0.044 7*
	（0.015 3）	（0.018 7）	（0.021 9）	（0.025 9）

续表

变量名称	基于地理二值矩阵		基于地理距离矩阵	
	Innovation	*Effects*	*Innovation*	*Effects*
GDP	0.928 ***	0.881 ***	0.812 ***	0.866 ***
	(0.056 0)	(0.060 7)	(0.099 9)	(0.095 7)
Education	0.087 3 ***	0.117 ***	0.122 **	0.139 ***
	(0.027 2)	(0.033 1)	(0.051 6)	(0.053 3)
Science	0.024 6 *	0.040 5 **	0.032 4	0.048 6 *
	(0.013 8)	(0.016 9)	(0.023 3)	(0.027 1)
Telcom	0.062 2 ***	0.079 2 ***	0.076 5 **	0.090 8 ***
	(0.019 2)	(0.023 8)	(0.030 2)	(0.032 2)
CITY FE	YES	YES	YES	YES
YEAR FE	YES	YES	YES	YES
样本数	1 716	1 716	1 716	1 716
R^2	0.758	0.763	0.675	0.691

注：括号内为估计标准误，***、** 和 * 分别表示在1%、5%和10%水平下显著。

表6-9 基于不同空间权重矩阵的稳健性检验（2/2）

变量名称	基于经济距离矩阵		基于经济*地理集聚矩阵	
	Innovation	*Effects*	*Innovation*	*Effects*
Entrepreneur	0.083 9 ***	0.073 3 ***	0.063 5 ***	0.038 7 **
	(0.025 9)	(0.027 1)	(0.021 2)	(0.025 2)
GDP	0.868 ***	0.855 ***	0.712 ***	0.790 ***
	(0.089 9)	(0.084 2)	(0.107)	(0.0961)
Education	0.108 **	0.109 **	0.104 **	0.122 **
	(0.053 4)	(0.053 7)	(0.046 1)	(0.048 9)
Science	0.048 2 **	0.064 2 **	0.026 6	0.043 0
	(0.023 5)	(0.026 9)	(0.022 5)	(0.026 2)
Telcom	0.071 1 **	0.091 8 ***	0.077 1 ***	0.092 0 ***
	(0.031 2)	(0.033 7)	(0.028 8)	(0.030 8)
CITY FE	YES	YES	YES	YES
YEAR FE	YES	YES	YES	YES

续表

变量名称	基于经济距离矩阵		基于经济*地理集聚矩阵	
	Innovation	*Effects*	*Innovation*	*Effects*
样本数	1 716	1 716	1 716	1 716
R^2	0.752	0.749	0.696	0.711

注：括号内为估计标准误，***、**和*分别表示在1%、5%和10%水平下显著。

整体上，各城市企业家集聚对区域创新，以及扣除企业家所在企业专利的城市创新产出的系数方向和显著性水平，较基于地理二值回归的结果没有发生根本性变化。在考虑地理距离的影响后，企业家集聚对于城市 j 的创新水平的影响在减弱。一方面由于地理距离造成的知识溢出效应的减弱，另一方面由于不同城市间均有距离，因此造成了企业家集聚对创新的影响被距离拉平。但从结果可以看出，企业家集聚无论是对城市 i 的创新还是城市 j 的创新都存在正向影响，且具有统计学意义上的显著性，从这个角度上证明了以上结果具有稳健性。

6.3.3 基于地理区域划分的异质性检验

伴随20世纪90年代以来一系列改革开放举措的推进，中国经济整体开始出现后发赶超的趋势。然而，我国经济体量整体迅速增大的另一面，是我国不同区域之间的非均衡发展。在空间意义下研究企业家集聚对创新的影响，无法脱离对我国不同地理区位情景下的异质性讨论。为此，本节加入地理区位变量与其他变量的交叉项，评估不同地理区位特征下，企业家集聚对区域创新的影响差异。我国东部、中部、西部地区的划分是地理区位变量与其他变量交互影响结果的最好体现。

根据我国"七五"计划和西部大开发战略的划分标准，确定我国区域的东部、中部、西部地区，并在原有地理二值矩阵的基础上，按照东部、中部、西部三个地区的城市划分，重新构建基于我国东部、西部和中部城市接邻关系的空间权重矩阵。

我国东部、中部、西部不同区域企业家集聚对所在区域内创新的影响结果如表6-10所示。

表6-10 我国东部、中部、西部地理区位划分的异质性检验

变量名称	东部地区 Innovation	东部地区 Effects	中部地区 Innovation	中部地区 Effects	西部地区 Innovation	西部地区 Effects
$Entrepreneur$	0.051 3*	0.029 3	0.072 8***	0.049 1	0.006 13	0.007 74
	(0.031 0)	(0.033 9)	(0.025 4)	(0.034 0)	(0.040 8)	(0.063 3)
GDP	1.038***	1.027***	0.876***	0.863***	0.887***	0.808***
	(0.104)	(0.112)	(0.120)	(0.129)	(0.267)	(0.276)
$Education$	0.096 9**	0.133**	0.054 4	0.043 4	0.150	0.240**
	(0.045 1)	(0.053 6)	(0.061 3)	(0.062 1)	(0.098 4)	(0.109)
$Science$	0.009 74*	0.020 8	0.091 9***	0.124***	0.002 44	0.020 3
	(0.030 2)	(0.031 4)	(0.030 3)	(0.036 2)	(0.040 7)	(0.052 6)
$Telcom$	0.061 1*	0.066 1	0.085 5*	0.108*	0.062 3	0.063 0
	(0.041 3)	(0.045 7)	(0.046 9)	(0.056 1)	(0.047 4)	(0.055 7)
CITY FE	YES	YES	YES	YES	YES	YES
YEAR FE	YES	YES	YES	YES	YES	YES
样本数	690	690	654	654	372	372
R^2	0.828	0.698	0.674	0.632	0.393	0.525

注：括号内为估计标准误，***、**和*分别表示在1%、5%和10%水平下显著。

从以上的分析结果可以看出四点。

（1）我国东部、中部地区企业家集聚对所在城市内的区域创新有显著的正向影响，特别值得一提的是，基于2012—2017年企业家的集聚样本，中部地区的影响系数高于东部地区。这是由于东部地区的企业家更加注重市场导向的结果。

（2）在我国西部地区各城市中，企业家集聚对区域创新的影响不显著。从整体看，模型对于东部地区的解释力度要强于对西部地区和中部地区的解释力度。这在很大程度上是由于西部地区和中部地区的专利受市场化程度的影响较小。

（3）在其他控制变量中，教育投入在东部地区发挥的作用较大，在中部、西部地区对所在城市区域创新的影响较小。联系我国中西部地区改革开放程度有待进一步提高的事实，说明教育投入只有在一定的市场机制条件下才能进一步实现创新转化。

（4）技术研发投入和基础设施对于创新的影响在东部地区和中部地区发挥正向作用，在西部地区并未产生显著影响。

对于我国南方、北方各城市内企业家集聚对接邻城市创新的溢出效应如表6-11所示。

表6-11 我国南方、北方地理区域划分的异质性分析

变量名称	南方 Innovation	南方 Effects	北方 Innovation	北方 Effects
Entrepreneur	0.029 6*	0.025 4*	0.034 6*	0.078 7***
	(0.021 0)	(0.025 9)	(0.020 4)	(0.026 8)
GDP	1.108***	1.179***	0.724***	0.665***
	(0.072 6)	(0.085 3)	(0.100)	(0.083 7)
Education	0.077 8**	0.073 0*	0.048 1	0.142***
	(0.035 6)	(0.044 0)	(0.038 7)	(0.049 1)
Science	0.038 5*	0.050 8**	0.008 16	0.030 1
	(0.020 9)	(0.025 8)	(0.016 8)	(0.022 4)
Telcom	0.045 1*	0.053 1	0.063 6**	0.097 9***
	(0.026 0)	(0.032 4)	(0.026 0)	(0.034 4)
CITY FE	YES	YES	YES	YES
YEAR FE	YES	YES	YES	YES
样本数	930	930	786	786
R^2	0.802	0.821	0.601	0.689

注：括号内为估计标准误，***、**和*分别表示在1%、5%和10%水平下显著。

从以上结果看，南方城市企业家的集聚对所在城市的创新并没有显著的正向影响，相比之下，北方城市的企业家集聚对所在城市创新的正向影响显著。这个结果似乎和认识有所差异，这是由两方面原因造成的：首先，与企业家的异质性相关。基于企业家理论，鲍莫尔和席林（Baumol and Schilling，2008）将企业家分为复制型企业家与创新型企业家。复制型企业家建立的企业与已存在的企业有一定的相似性。国内也有学者将复制型企业家称为"柯兹纳式企业家"（曾铖和李元旭，2017），其企业家角色中"套利"更为显著。张维迎认为，在我国非均衡市场的情况下，过去改革开放中所涌现的企业家以套利为主，并呼吁我国企业家需要从套利走向创新。对比这个结果与整体回归的结果，可以推断，目前我国南方的企业家整体上对于所在城市的创新影响有限，是由于企业家的经营仍旧以利润为主，忽视了创新。其次，从市场竞争看，企业家的集聚造成的竞争效应占据主导地位，使其对区域创新的作用没有显现出来。

6.3.4 内生性分析

以上对企业家集聚及对区域创新的影响进行了分析，说明区域内企业家集聚水平的提升对于区域创新水平具有正向显著的提升作用，从定义和测度企业家集聚，到构建其与区域创新水平的空间关系，这个结果本身构成了研究的主要结论之一。但值得进一步思考的是，企业家集聚和区域创新水平之间正向显著的空间相关关系是否同样具有因果关系？为了进一步充实已有的研究结论，在这部分将对可能存在的内生性问题进行探索。

反向因果造成实证的结果存在内生性的偏误。在对企业家集聚和区域创新的研究中，存在的一个问题是，是否有可能是城市的创新水平造成了企业家的集聚？从对企业家的定义看，企业家本身具有捕捉、识别机会的内在特质，因此存在因为较高的区域创新水平，吸引了企业家在这个区域进行企业家才能的变现，促进了企业家的涌现和进一步集聚。除此之外，遗漏核心变量也是导致实证分析出现内生性问题的原因之一。本章采用的是中国地级市的面板数据，尽管能够在最小颗粒度上对企业家集聚与区域创新的问题进行分析，但由于地级市数据的可获得性较省级数据差，因此可能造成部分变量遗漏的情况，使得回归系数被高估或低估。

针对出现的内生性问题，从估计方法上看，由于采用的空间计量模型并非最小二乘估计,因此回归过程中采用极大似然估计方法本身就能在一定程度上解决内生性的问题。为进一步验证说明以上实证结果的科学性,解决以上两方面问题导致的估计偏误,基于因变量的滞后期对基准回归进行内生性的分析。本节加入区域创新的滞后一期变量以及扣除企业家所在企业创新的滞后一期变量进行回归,回归结果如表6-12所示。

表6-12 创新产出滞后一期的回归结果

变量名称	Innovation	Effects
Lag Y	0.476***	0.403***
	(0.0326)	(0.0371)
Entrepreneur	0.0349*	0.0529**
	(0.0160)	(0.0188)
GDP	0.362***	0.306**
	(0.0933)	(0.153)
Education	0.0451*	0.0530*
	(0.0316)	(0.0357)
Science	0.0142	-0.0123
	(0.0144)	(0.0161)
Telcom	0.000229	0.403***
	(0.0234)	(0.0371)
CITY FE	YES	YES
YEAR FE	YES	YES
样本数	1 716	1 716
R^2	0.76	0.65

注:括号内为估计标准误,***、**和*分别表示在1%、5%和10%水平下显著。

同样基于地理二值的邻接矩阵,结果显示尽管各变量的估计系数大小有变化,但其方向和显著性水平基本不变,结果进一步说明了在前文回归过程中因果关系方向的正确性。

尽管企业家集聚与区域创新水平的提高有着很强的正相关性,通过基于创新产出的滞后一期说明企业家集聚对区域创新水平的提高有帮助,但企业家集聚是不是区域创新水平提高的原因,仍然有待进一步的检验。本节试图通过二阶段回归、工具变量等方式,希望对其因果关系做进一步的验证。但在对现有文献的检索中,并未掌握合适的,且数据可获得的工具变量。

在已有文献中,有诸多对企业家、企业家精神与区域经济与区域创新关系的研究和探讨。对此,本书将这些内容进行了梳理。已有研究尽管在不同的空间尺度下展开(如以省级、不同的州为单位),但可以从另一个侧面对研究的因果关系进行补充说明。此外,更有意义的地方在于,相对于企业集聚,企业家集聚是一个新的概念,下面通过对不同研究结果的对比,进一步说明研究结论的有效性。

6.3.5 与已有研究结果的比较分析

本节的基本出发点在于企业不等同于企业家,因此已有研究通过区域内私营企业数量、个体工商户数量、自雇比率等方式,未能真正对理论意义上的企业家进行测度。本书基于大数据和文本分析技术,在企业家的测度方法上进行了突破和改进。除此之外,现有的对于企业家及区域创新的研究,比较多的是基于双固定效应的面板数据模型,较少采用空间计量的方法。由于这些方面的局限,可能造成估计结果的偏误。

在本部分中,整理了近年来在中国情境下,对企业家、集聚以及区域经济增长和创新的研究中具有代表性的成果,并将其核心结论汇总如表6-13。

表6-13 区域企业家及创新研究结果的汇总

解释变量	被解释变量	核心结论	学者
经济集聚	区域创新	以产出密度衡量的经济要素的集聚对所在区域创新有正向显著的促进作用;不同产业的集聚对区域创新有正向促进作用	毛金祥,2019
区域企业家精神	经济增长	以区域内每万人中私营企业户数衡量区域企业家精神;区域企业家精神对所在区域经济增长有显著的正向促进作用,区域企业家精神对区域经济增长的弹性系数约为0.08	朱乾和杨勇,2013

续表

解释变量	被解释变量	核心结论	学者
区域企业家精神	区域经济增长	以私企及个体从业人员比例衡量企业家精神；中国企业家精神与区域经济增长存在显著正相关关系（二者的相关系数为0.882）	杨宇和郑垂勇，2007
民营企业家丰度值	区域创新绩效	以每万人口中拥有的私营企业数量衡量区域民营企业家的"丰度"；民营企业家每增加1个百分点，区域创新能力提升约0.7个百分点	张小蒂和姚瑶，2012
产业集聚	全要素生产率	通信设备、计算机及电子设备制造业企业通过产业集聚能够提升其企业的全要素生产率，提升全要素生产率的方式主要是通过技术效率改善	范剑勇等，2014
非农就业密度	劳动生产率	产业集聚在中国情境下的具体含义为非农就业密度每提升1倍，我国地级市层面的平均劳动生产率将提升8%左右	范剑勇等，2006
人力资本集聚	城市技术进步	城市的人力资本水平低时，物资资本缺乏对城市的全要素生产率有负面影响；物资资本与人力资本集聚对城市技术进步的规模效应显著	周锐波等，2020

从整体研究结论看，尽管涉及的概念界定有所差异，测度方式不同，但这些研究都认可了区域内企业家要素对区域创新具有正向显著的作用[①]，从另一个侧面印证了研究实证结果方向上的正确性。这些研究背后所折射的共同理念是当前实现经济增长和创新路径，在由物的投入向发挥人的才能转变，企业家集聚水平的提升对城市的创新提升有着重要的作用。

6.4 本章小结

严谨的分析和求证过程是获得可靠结论的前提与保障，是对区域内企业家集聚对创新影响的基准回归。从研究设计出发，首先通过对企业集聚与区域创新基本面板固定效应回归的空间效应检验，和对企业家与

---

① ①不同研究对于区域创新的衡量标准不同；②开展研究的空间尺度不同，已有研究主要在省及直辖市的层面进行回归；③现有研究中较少采用空间计量方法，因此，从实证分析的具体数值结果上进行对比的现实意义有限。

区域创新的空间相关性检验，说明构建空间杜宾模型的正确性。进一步说明了对动态空间杜宾模型和静态空间杜宾模型的选择问题，以及借助豪斯曼检验对空间杜宾固定效应和随机效应的选择。基于这些分析，确定了采用静态杜宾双固定效应模型作为回归的主要模型。在进行基本分析的基础上，基于不同的空间权重矩阵、地理距离矩阵，验证了回归结果的稳健性；基于创新产生的滞后一期回归，对研究的内生性问题进行了分析。在此基础上，基于我国不同地域的巨大差异，将我国东部、西部、中部以及南方、北方的企业家集聚与创新数据作为子样本，进行了异质性检验。

研究得出五点结论。

（1）区域创新与企业家集聚之间存在正向显著的空间相关性，我国286个地级市的样本数据同样验证了创新的区域属性，空间视角是分析企业家集聚和区域创新不可或缺的一部分。

（2）企业家集聚对城市内的创新有显著的正向影响。企业家集聚水平每提升1个单位，区域内的创新水平整体提升近5%；企业家集聚对城市内创新的正向显著影响不仅体现在企业家能够影响所在企业创新水平的提升，对扣除了企业家所在企业创新产出的城市其他创新产出同样也有正向显著影响。

（3）区域内的经济发展水平、教育投入、研发投入和基础设施均对区域内的创新产出有显著的正向影响，区域经济发展水平对创新影响的回归系数和显著性都要大于其他变量。

（4）企业家集聚对城市内创新的显著正向影响具有稳健意义。基于不同的地理权重矩阵，再次对企业家集聚与区域创新进行了回归分析，结果显示，企业家集聚对城市内的创新，以及扣除企业家所在企业创新产出的城市其他创新具有正向显著意义。

（5）不同区域内企业家集聚对城市创新的影响不同。对比我国东部、西部、中部，发现我国东部、中部地区企业家集聚对区域创新有正向显著的影响，而西部地区的企业家集聚还未能发挥对创新的显著正向影响。对比我国南方和北方企业家集聚对创新的影响，尽管南方是我国经济和创新活跃的地区，但南方地区企业家集聚水平对区域创新的影响小于北方企业。这与南方地区企业家更加注重追求利润有关。本章揭示的不同区域企业家群体存在差异，值得进一步分析。

7 区域内企业家集聚对创新影响的机制检验

企业家的集聚对所在区域的创新有正向影响的结论,在空间计量模型的验证下具有显著性。然而,这个影响是通过怎样的机制产生的?从企业家的异质性理论出发,不同类型的企业家集聚对所在区域创新的影响是否有差别?本章将对企业家集聚对所在区域创新的影响机制进行分析,和科学家、研发人员、工程师等其他类型的人力资本相比,企业家或许并不是新知识的创造者,但确实能够识别真正的市场机会。基于此,企业家进一步发挥自身集聚和配置资源的角色特性,整合实现创新需要的资源并承担从新知识到新产品转化过程中的风险,进而促进创新。从创新理论出发,尽管创新越来越被认为是开放系统下,诸多要素共同作用的结果,但人才和资金仍然是推动创新发展的根本。本章从支持企业家创新的风险投资资金与各城市的人才数量两个角度出发,在回顾与分析我国风险投资机构发展概况与以大学生数量衡量的,我国人力资本分布的基础上,首先验证了企业家的集聚通过风险投资,以及人才两大重要机制对区域创新产生的影响。其次对不同类型的企业家集聚对区域创新的影响是否有所不同进行检验。这些分析可以进一步了解如何更有效地通过区域内的企业家集聚提升区域内的创新水平。

7.1 区域内企业家集聚与区域创新——风险投资

7.1.1 我国风险投资机构发展概况

广义的风险投资是指为早期成立的、创新的高速成长企业提供的投资[①]。

[①] 对风险投资和私募股权的定义在不同国家、不同历史阶段有所差别。本书采用 2010 年以来在美国和中国较为通用的定义。

自1985年中国第一家风险投资基金诞生以来，中国风险投资行业见证了我国的新兴技术产业的发展，对我国的创业与创新发展起到了至关重要的作用。2008年以来，中国风险投资行业迅猛发展，无论是投资机构的数量，还是募集与管理资本的总量都出现了巨幅的上升。北京大学企业大数据研究中心发布的《中国风险投资的演化和现状（2000—2017）》报告显示，2000—2017年，中国风险投资机构数量从106家增加到8 863家，年均增长率为29.7%；风险投资基金数量从164只增长到19 139只，年均增长率为32.3%；累计投资事件从143起增长到46 357起，年均增长率为40.5%。中国股权投资基金持续活跃，2018年10月，我国风险投资总额达938亿美元，超过美国同期，位列全球第一。图7-1展示了2000—2017年我国风险投资机构成立数量。

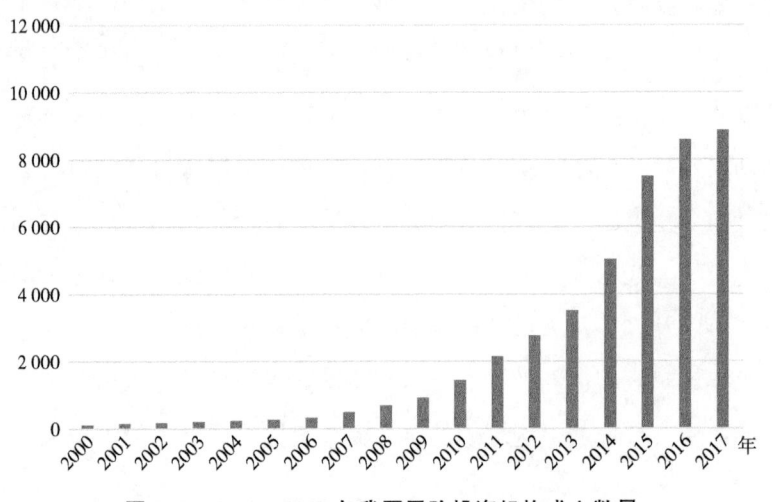

图7-1 2000—2017年我国风险投资机构成立数量

不同学者通过风险投资的投资金额流向、风险投资机构的注册地址等指标，对我国风险投资的空间分布特征进行了研究。从空间角度看，我国风险投资活动同样存在区域上集中的特点。从投资资金的来源看，北京、上海、广东、江苏、浙江五个省份的风险投资额占全国的90%以上（马红红等，2009）。而从风险投资的分布看，汪明峰等（2014）构建了我国风险投资活动分布的"钻石模型"，即集中分布于京津冀、长三角、珠三角以及成都四个地区。

风险投资的最大特征在于,被投资企业通常处于高速发展期,自由现金流较为有限;而这类投资不像企业其他的债务投资或股权投资要求企业定期分红,因此给予企业更大的发展空间。风险投资作为早期投资,在企业的产品和商业模式还未成熟的情况下,基于企业家本身进行投资决策,因此,风险投资的发展对企业家的尝试与创新有着重要的影响。尽管已经有研究开始关注到金融集聚相关问题(Bossone et al., 2001; Xie et al., 2015; 余泳泽等,2013; 王仁详和白晏,2017; 黎杰生和胡颖,2017),但较一般的金融行业,风险投资行业对于创业、创新有着更为直接、特殊的意义。首先,风险投资行业与创新的关系更为密切。风险投资基金有限的封闭期(一般为5~10年)使其特别偏好投资高、成长型的科技型企业(Hall and Lerner, 2010)。其次,风险投资带有更为明显的知识溢出效应。除了将资金注入企业,相较于其他的金融资本,风险投资基金还为初创企业提供管理经验分享、人才招聘背书等附加价值与投后服务。最后,风险投资的空间溢出效应更加显著。不同于其他的金融机构,风险投资机构投资对象受地理位置的约束较少,可能遍布全球,而不局限在某个空间内。

7.1.2 两阶段实证检验

本节所采用的各地级市的风险投资机构数量来自我国证券投资基金业协会公示信息。特别的,本节将风险投资机构定义为在证券基金业协会注册的,从事一级市场投资的私募基金管理人,同时剔除了已注册但未进行过一级市场股权投资或管理的基金,以及未进行过一级市场股权投资的基金管理人。风险投资是私募基金的一种特殊类型,风险投资机构属于基金管理公司。我国证券投资基金业协会对中国的基金管理公司、基金托管银行、基金销售机构、基金评级机构,以及其他资产管理和相关服务机构进行自律性管理。2013年3月起,中国证券投资基金业协会颁布《私募投资基金管理人登记和基金备案办法(试行)》,并对私募基金管理人的相关信息进行公示。由于风险投资机构只对有限出资人负责,并不完全对外公开其实际的投资情况（包括投资对象、投资金额、所占股权等），因此我国证券投资基金业协会公示的私募基金的相关注册信息，是目前已知的最全面地反映我国风险投资机构的信息。本节通过基金业协会网站数据，获得 2013—2017 年在基金业协会登记备案的 1.57 万风险投资机构的实际办公地址，并按照 286 个地级市进行了统计，获得了研究的风险投资变量，用于代表各城市的风险投资活跃程度。尽管风险投资存在灵活投向其他城市的问题，但风险投资活动在注册地点更活跃。

为了从实证上说明风险投资是企业家集聚提升区域内创新水平的机制之一，首先检验了城市风险投资活跃程度对该城市企业家集聚的影响。在此基础上，构造了以变量 Vchat 代表的风险投资活跃程度对企业家集聚的估计值，并将 Vchat 及估计值的残差 Vcstdb 带入基准回归模型中，验证其对区域创新的影响是否正向显著。

实证回归结果如表 7-1 所示。

表 7-1 风险投资作为影响机制的两阶段回归结果

变量名称	Entrepreneur	Innovation	Innovation	Effects	Effects
VC	0.219 ***	—	—	—	—
	(0.019 4)	—	—	—	—
vchat	—	0.201 **	—	0.169 **	—
	—	(0.074 3)	—	(0.064 8)	—
vcstdp	—	—	0.803 5	—	0.426
	—	—	(1.072 4)	—	(1.369)
GDP	—	1.429 ***	1.456 ***	1.529 ***	1.534 ***
	—	(0.065)	(0.063)	(0.075)	(0.073)
Education	—	0.235 ***	0.241 ***	0.256 ***	0.257 4 ***
	—	(0.034)	(0.035)	(0.039)	(0.040)
Science	—	0.008 9	0.009	0.000 1	0.001 1
	—	(0.178)	(0.018)	(0.292)	(0.021)
Telcom	—	0.083 1 ***	0.088 ***	0.087 ***	0.096 ***
	—	(0.025)	(0.026)	(0.028)	(0.029)
Constant	2.211 ***	-20.46 ***	-20.82 ***	-22.65 ***	-23.268 ***
	(0.015 7)	(0.955)	(0.972)	(1.095)	(1.114 4)

续表

变量名称	*Entrepreneur*	*Innovation*	*Innovation*	*Effects*	*Effects*
样本数	1 430	1 430	1 430	1 430	1 430
City FE	YES	YES	YES	YES	YES
Year FE	YES	YES	YES	YES	YES
city No.	286	286	286	286	286
R^2	0.082	0.407	0.406	0.383	0.380
F-test	24.50 ***	30.53 ***	35.01 ***	21.29 ***	21.44 ***

注：括号内为估计标准误，***、**、* 分别表示在1%、5%、10%水平下显著。

从以上的实证分析可以看出，首先，企业家的集聚与风险投资的活跃程度紧密相关。通过风险投资预测的企业家集聚水平（*Vchat*），与区域创新水平在5%的显著性水平下呈正相关；而风险投资活跃程度不能解释的部分（*Vcstdp*）则对城市整体创新的影响并不显著。此外，以该城市当年获得授权的专利数量减去企业家所在企业获得授权的专利数量作为新的衡量区域创新的变量进行回归，同样能得到相似的回归结果。因此，我们能够初步判断，在区域层面，风险投资越活跃，企业家集聚越能够促进区域创新水平的提升；创新活动的风险越高，企业家越会引入风险投资，转嫁、分担风险。对样本数据的分析进一步说明，风险投资对于企业的创新作用不仅局限于被投资企业本身（Hellmann and Puri，2000），在所在区域内，这个作用机制还存在着显著的正向作用。

7.1.3 对照组实证检验

为进一步探究不同的风险投资机构活跃程度对企业家集聚与创新影响程度的差异，本节按照风险投资活跃程度对样本进行了分组，首先按照风险投资机构的数量对样本进行了重新排序，并将排在前25%的样本定义为风险投资活跃程度较高的实验组；将排在末尾25%的样本定义为风险投资活跃程度较低的实验组。回归结果如表7-2所示。

表 7-2 风险投资数量的对照组检验结果

变量名称	*Innovation* 活跃度高	*Innovation* 活跃度低	*Effects* 活跃度高	*Effects* 活跃度低
Entrepreneur	0.157***	0.021*	0.120***	0.015
	(5.36)	(1.76)	(5.01)	(1.33)
GDP	0.613***	1.337***	0.614***	1.328***
	(23.98)	(24.22)	(23.82)	(24.50)
Education	0.064***	-0.679***	0.067***	-0.668***
	(2.88)	(-13.09)	(2.99)	(-13.13)
Science	0.292***	0.323***	0.290***	0.321***
	(26.60)	(12.37)	(26.27)	(12.55)
Telcom	0.334***	0.309***	0.336***	0.308***
	(15.55)	(7.87)	(15.52)	(7.99)
Constant	-10.301***	-13.508***	-10.369***	-13.438***
	(-36.85)	(-22.28)	(-36.78)	(-22.58)
样本数	155	286	155	286
City FE	YES	YES	YES	YES
Year FE	YES	YES	YES	YES
R^2	0.416	0.5797	0.6347	0.5861

注：括号内为 t 统计量，***、**和*分别表示在1%、5%和10%水平下显著。

从以上回归结果可以看出，不论是城市整体专利数量，还是扣除企业家所在企业的专利数量后风险投资活跃度较高的城市，企业家集聚水平对区域创新的回归系数，是风险投资活跃度较低城市的6倍以上。风险投资越活跃的城市，企业家的集聚对当地整体创新的正向影响越大。通过比较两组之间的差别，再一次验证了风险投资对于企业家集聚与区域创新的重要作用。

从以上回归结果可以看出，样本企业家所在企业对城市影响也有着重要的作用，尽管都在风险投资活跃度高的样本对照组中，但企业家集聚对城市其他机构的创新溢出效应要小于整体，再一次说明了样本企业家数据的代表性。

7.2 区域内企业集聚、人才与区域创新

7.2.1 两阶段实证检验

从企业家实施创新的角度出发，人力资本是企业家需要充分考虑的因素。本节采用各地级市高等院校在校大学生数量[①]衡量区域人才的情况。2012—2017 年数据来源于《中国教育统计年鉴》。

在知识经济时代，高等院校越来越被认为是驱动创新和经济增长的重要动力：高等院校不仅是高技能劳动力和创新想法的供给方，更是突破性技术诞生的重要源头。萨尔特和马丁（Salter and Martin，2001）将高等院校的职能总结为五个方面：①增加知识存量；②培养高技能劳动力；③创造新的生产工具和工艺；④增加社会解决问题的能力；⑤协助形成问题解决的社会网络。格特勒和维诺德莱认为（Gertler and Vinodrai，2005），大学之所以能够成为区域创新的重要基础力量，是由于其能够吸引高技能人才。这些人才由学生和科研人员组成。因此，高等院校在校学生数量对高等院校的科研和创新能力有着重要的影响，也是一个城市高级人才供给的主要来源。

高等院校尽管为创新提供了新的想法和高技能人才，但其路径和机制是间接的。人力资本需要和企业家相结合才能发挥最大优势。20 世纪 50 年代，技术变革与创新被人们认知为一个线性的过程，布什（Bush，1945）等学者将大学作为知识创造与创新的最早阶段。尽管大学院校和科研机构仍旧被当作经济增长的重要引擎，但人们对于创新的认知在发生着变化。一方面，创新过程已经从封闭系统转变为开放过程（Chesbrough，2003）；另一方面，创新的经济成果被强调，缺乏商业化过程的发明创造并非真正的创新。一个明显的例子，就是诸多校企合作或合资企业，由于

[①] 大学生数据中包括专科生。《中国教育统计年鉴》中并未对各地级市本科生、研究生数量进行单列，因此采用市辖区内在校大学生数量作为人才的衡量依据。

企业家的参与，使高等院校与科研机构的研究成果得到了良好的市场转化。这个过程主要是基于院校人员与企业家的知识交流。

本节首先采用两阶段的方式检验人才是不是企业家集聚对城市创新影响的重要机制。基于对各城市大学生数量与企业家集聚程度的回归，构造了代表预测结果的变量 $Talenthat$ 和代表预测残差的变量 $Talentstdp$，并将二者分别带入原有的回归方程，以进一步比较二者对于该城市创新，以及扣除了企业家所在企业其他创新产出的影响。以各城市人才作为企业家集聚发挥其创新影响机制的两阶段回归结果如表 7-3 所示。

表 7-3 人才作为影响机制的两阶段检验结果

变量名称	$Entrepreneur$	$Innovation$		$Effects$	
$Talent$	0.331***	—	—	—	—
	(5.79)	—	—	—	—
$Talenthat$	—	0.564***	—	0.605	—
	—	(4.68)	—	(1.38)	—
$Talentstdp$	—	—	-1.71	—	-2.03
	—	—	(0.744)	—	(0.851)
GDP	—	1.412***	1.46***	1.529***	1.558***
	—	(22.19)	(0.063)	(.073 1)	(0.072 8)
$Education$	—	0.222***	0.231***	0.243***	0.252***
	—	(6.55)	(0.033)	(0.038)	(0.038)
$Telcom$	—	0.082***	0.083***	0.086 5***	0.087***
	—	(3.33)	(0.025)	(0.028)	(0.028)
$Constant$	-1.142*	-21.068***	-20.59***	-23.43***	-22.91***
	(-1.90)	(-22.27)	(0.95)	(1.087)	(1.089)
样本数	1 716	1 716	1 716	1 716	1 716
City FE	YES	YES	YES	YES	YES
Year FE	YES	YES	YES	YES	YES
city No.	286	286	286	286	286
R^2	0.022 9	0.415 0	0.406	0.383	0.380
$F\ test$	26.11***	35.45***	34.77***	21.50***	21.11***

注：括号内为估计标准误，***、**和*分别表示在1%、5%和10%水平下显著。

以上结果显示：①人力资本的分布与企业家的集聚水平有显著的正向关系。基于此估计的结果预测变量 Talenthat 对所在城市的创新具有显著的影响，且其残差 Talentstdp 对所在城市创新没有显著影响，说明人力资本是企业家集聚对所在区域创新发挥作用的重要机制。②扣除了企业家所在企业的城市的其他创新，预测变量 Talenthat 对其的正向影响并不显著，说明企业家对城市其他创新的溢出效应，并不是通过人才流动实现的。基于这个结果，可以进一步推测，基于企业人员流动的知识溢出并不是区域内的主要形式。当然，这个结果由于样本的人才数据基本上覆盖了大专生等在校大学生，因此影响了结果的显著性。这个路径有待进一步探究。

7.2.2 对照组检验

为了进一步证实人才在企业家集聚促进区域创新中的关键作用，进一步按照人才数量排序，将在校大学生数量排名前25%和后25%的城市设置为对照组，比较了不同人才数量的城市企业家集聚对所在区域创新的影响差异。回归结果如表7-4所示。

表7-4 人才数量的对照组实验结果

变量名称	Innovation 人才较多	Innovation 人才较少	Effects 人才较多	Effects 人才较少
Entrepreneur	0.098***	0.067***	0.087***	0.066***
	(4.86)	(6.44)	(4.26)	(5.89)
GDP	0.598***	1.373***	0.602***	1.360***
	(21.91)	(36.42)	(21.82)	(36.89)
Education	0.001	0.664***	0.005	0.648***
	(0.06)	(18.08)	(0.22)	(18.06)
Science	0.364***	0.378***	0.363***	0.376***
	(30.96)	(20.49)	(30.60)	(20.86)
Telcom	0.430**	0.185***	0.433***	0.188***
	(19.93)	(5.84)	(19.87)	(6.05)

续表

变量名称	Innovation 人才较多	Innovation 人才较少	Effects 人才较多	Effects 人才较少
Constant	-11.070***	-13.557***	-11.204***	-13.524***
	(-37.47)	(-33.80)	(-37.53)	(-34.47)
样本数	429	429	429	429
CITY FE	YES	YES	YES	YSE
YEAR FE	YES	YES	YES	YES
R^2	0.553	0.351	0.657	0.289

注：括号内为 t 统计量，***、**和*分别表示在1%、5%和10%水平下显著。

以上结果显示，在人才较多的城市，企业家集聚对区域的整体创新存在显著的正向影响，影响系数比人才较少的城市高出32%。结论说明，人才是企业家集聚对区域创新发挥作用的重要途径。特别值得注意的是，在人才较少的组内，教育投入对区域创新存在正向影响；在人才较多的组内，教育投入的影响微乎其微。这可以进一步理解为相较于整体的教育投入，高等院校对企业家集聚与创新的作用机制更为显著，二者存在替补效应，即当高等院校人才不足时，整体教育投入对创新的影响更加显著。从这个侧面说明，选择高等院校在校学生数量作为衡量区域人才储备的正确性。

尽管人才是企业家集聚影响区域创新的重要机制，但我国各城市人才储备与企业家集聚情况不匹配。以2017年数据为例，我国高等院校在校学生数量排名前10的城市与样本企业家数量排名前10的城市分列如表7-5所示。

表7-5 2017年企业家数量与人才数量排名前10城市对比

排名	城市名	在校大学生数	城市名	样本企业家数量
1	广州市	1 067 335	北京市	37 235
2	武汉市	947 651	深圳市	35 286
3	郑州市	935 332	上海市	34 452
4	成都市	817 432	广州市	23 425

续表

排名	城市名	在校大学生数	城市名	样本企业家数量
5	重庆市	746 859	杭州市	17 060
6	西安市	726 752	成都市	15 709
7	南京市	721 540	武汉市	9 364
8	长沙市	610 379	天津市	5 460
9	南昌市	609 801	南京市	3 003
10	北京市	592 878	苏州市	2 971

这一方面可以解释我国各地级市之间劳动力的迁移。企业家对人才的感召和整合能力是促进人才跨城市和区域流动的微观作用机制；另一方面，人才供给丰富的城市要进一步思考如何促进该地区企业家的涌现，通过企业家与人才的匹配，促进该城市创新水平的进一步提升。

7.3 企业家异质性对区域创新影响的讨论

从理论的角度看，对不同类型的企业家集聚有着不同的划分方法。受制于数据的可获得性，本节主要聚焦于大企业的企业家以及小企业的企业家两种不同规模意义下的企业家，以及不同行业的企业家集聚对所在区域创新的影响。

7.3.1 不同规模企业家的影响

企业的注册资本大小代表了企业家所能掌控的资源多少，注册资本也是判断一个企业规模大小的标准之一。本节将样本的108.8万企业家按注册资本规模分为五组，各组内企业家数量与所在企业家对应的专利数如表7-6所示。

表7-6 不同规模企业家所在企业专利数量情况

注册资本规模（万元）	企业家数量	所在企业的专利数	每千名企业家拥有的专利数
0~100	138 826	11 462	83

续表

注册资本规模（万元）	企业家数量	所在企业的专利数	每千名企业家拥有的专利数
100~300	353 771	69 131	195
300~500	53 195	21 256	400
500~1000	162 460	84 594	521
1 000 及以上	379 789	505 362	1 332

从以上各组企业家拥有的专利数可以看出，随着企业注册资本的增加，企业家所掌握资源的增加，企业家所在企业的创新产出逐步增加，企业家拥有的人均专利数量也不断提高。然而，不同规模企业的企业家集聚对所在区域创新的影响是否有相似的结论呢？

本节按不同的注册资本对所有企业家进行分组，按照注册资本 0~100 万元、100 万~300 万元、300 万~500 万元、500 万~1 000 万元以及 1 000 万元以上对企业家进行了分组[①]。基于这些分组，研究测算了样本中各城市不同注册资本的企业家集聚的区位熵，并对不同规模的企业家集聚对所在区域创新的影响进行了实证分析。回归结果如表 7-7、表 7-8 所示。

表 7-7 不同规模的企业家集聚对区域创新的不同影响（1/2）

注册资本 变量名称	0~100 万元 Innovation	0~100 万元 Effects	100 万~300 万元 Innovation	100 万~300 万元 Effects	300 万~500 万元 Innovation	300 万~500 万元 Effects
Entrepreneur	0.046**	0.039**	0.100***	0.104***	0.050**	0.059**
	(2.42)	(2.03)	(5.04)	(5.03)	(2.08)	(2.38)
GDP	0.782***	0.781***	0.980***	0.974***	1.044***	1.058***
	(8.80)	(8.42)	(11.24)	(11.01)	(8.34)	(8.30)
Education	0.131**	0.124**	0.211***	0.206***	0.271***	0.263***
	(2.35)	(2.14)	(3.81)	(3.67)	(2.72)	(2.58)
Science	0.058**	0.072**	0.069**	0.079**	0.041**	0.047**
	(2.29)	(2.41)	(2.48)	(2.63)	(0.92)	(1.00)

---

① 以这个标准划分各组企业家数量的原因在于既在一定的颗粒度下充分体现了差异性，也确保了各组数量的均衡性。本节同样尝试了直接采用 1 000 万元或 500 万元注册资本作为划分标准，实证结果虽然具有一定的相似性，但并不能充分说明差异性的企业家集聚对所在区域创新影响的不同。

续表

注册资本	0~100万元		100万~300万元		300万~500万元	
变量名称	*Innovation*	*Effects*	*Innovation*	*Effects*	*Innovation*	*Effects*
Telcom	0.153***	0.166***	0.057	0.061	0.054	0.047
	(3.55)	(3.59)	(1.46)	(1.50)	(1.47)	(1.29)
样本数	964	964	1 158	1 158	608	608
City No.	256	256	271	271	197	197
YEAR FE	YES	YES	YES	YES	YES	YES
CITY FE	YES	YES	YES	YES	YES	YES
R^2	0.723	0.718 4	0.729 8	0.725 4	0.677 9	0.671 4

注：括号内为 z 统计量，***、**和*分别表示在1%、5%和10%水平下显著。

表7-8 不同规模的企业家集聚对区域创新的不同影响（2/2）

注册资本	500万~1 000万元		1 000万元以上	
变量名称	*Innovation*	*Effects*	*Innovation*	*Effects*
Entrepreneur	0.131***	0.121***	0.063***	0.056***
	(5.77)	(5.11)	(3.20)	(2.62)
GDP	0.860***	0.848***	1.160***	1.169***
	(8.01)	(7.90)	(12.37)	(12.32)
Education	0.259***	0.262***	0.181***	0.179***
	(4.36)	(4.27)	(3.02)	(2.94)
Science	0.070**	0.084**	0.067**	0.075**
	(2.27)	(2.47)	(2.50)	(2.63)
Telcom	0.068*	0.074*	0.061*	0.065*
	(1.74)	(1.87)	(1.76)	(1.78)
样本数	940	940	1 402	1 402
City No.	246	246	280	280
CITY FE	YES	YES	YES	YES
YEAR FE	YES	YES	YES	YES
R^2	0.706 2	0.699 7	0.743 6	0.739 3

注：括号内为 z 统计量，***、**和*分别表示在1%、5%和10%水平下显著。

从以上实证分析的结果看，首先，无论是大企业的企业家集聚还是小企业的企业家集聚，均对所在城市的创新有显著的正向影响。即便扣除了企业家所在企业的专利，其影响仍然是正向显著的。其次，研究结果显示，掌握不同资产规模的企业家其创新活力不同。当企业家所在企业的注册资本在100万~300万元、500万~1 000万元时，其集聚对区域创新的影响系数显著高于其他规模下的企业家。在具体的管理语境下，可以解释为适度的资源下，企业家在区域内的交流与联系更为紧密，相应的，也更加具有对所在区域创新的正向影响。这与以往政策制定者倾向于发展和引入大规模企业的思路截然不同。在区域创新的语境下，政策制定者可以重点关注规模适中，更加具有正向溢出效应的企业家。

7.3.2 不同行业企业家的影响

不同行业的企业家有着不同的知识结构。从企业家理论和人力资本理论出发，企业家的教育背景、从业经历对其行业选择有着重要的影响。企业家所处行业的竞争水平有着巨大的差异，在不同的行业中，企业家在创新领域才能的发挥也有所不同。企业家所处行业本身对企业家创新才能发挥存在影响。奥德兹和费尔德曼（Audretsch and Feldman，1996）计算了通过新产出销售衡量的创新产出的基尼系数，发现在知识密集型的行业，创新活动空间意义上的分布更加集中。随着硅谷的崛起，科技型企业家受到学者们的重视。在实际的区域创新发展实践中，有许多政策的制定者将吸引科技型企业家，作为促进区域创新和经济可持续发展的重要手段。这些背景促使我们思考不同行业的企业家集聚对所在区域创新的影响是否有所不同。

根据2019年国家统计局对国民经济行业的分类标准[①]，按照企业主营业务描述，对样本企业家所处的行业进行了分类统计，并计算了286个样本城市不同行业企业家集聚的区位熵。对样本中不同行业企业家的分布，及企业家所在企业的专利数进行了描述性统计（见表7-9）。

[①] 国家统计局. 国民经济行业分类标准［EB/OL］. http：//www.stats.gov.cn/tjsj/tjbz/，2019-12-20.

7 区域内企业家集聚对创新影响的机制检验

表 7-9 不同行业企业家所在企业创新产出统计表

所在行业（门类）	样本企业家数量	占比（%）	企业家所在企业专利数	每千名企业家专利数
农、牧、林、渔业（A）	7 616	0.7	5 632	739
采矿业（B）	0	0.0	2	0
制造业（C）	143 621	13.2	299 477	2 085
电力、热力、燃气及水生产和供应（D）	5 440	0.5	16 236	2 984
建筑业（E）	42 434	3.9	18 327	432
批发和零售业（F）	116 420	10.7	18 468	159
交通运输、仓储和邮政业（G）	52 226	4.8	55 719	1 067
住宿和餐饮业（H）	15 233	1.4	2 039	134
信息传输、软件和信息技术服务业（I）	116 420	10.7	69 002	593
金融业（J）	80 515	7.4	11 723	146
房地产（K）	0	0.0	0	0
租赁和商业服务业（L）	235 017	21.6	79 711	339
科学研究和技术服务业（M）	3 264	0.3	4 466	1 368
水利、环境和公共设施管理业（N）	7 616	0.7	13 061	1 715
居民服务、修理和其他服务业（O）	56 578	5.2	13 077	231
教育（P）	70 723	6.5	8 718	123
卫生和社会工作（Q）	60 930	5.6	59 560	978
文化、体育和娱乐业（R）	73 987	6.8	15 463	209
公共管理社会保障和社会组织（S）	1 088	0.1	367	337
国际组织（T）	0	0.0	0	0

表 7-9 显示，企业家主要集中分布在制造业，批发和零售业，以及租赁和商业服务业，信息传输、软件和信息技术服务业。但从每位企业家所掌握的平均专利数量看，在电力、热力、燃气及水生产和供应行业，尽管企业家数量占比较少，但人均拥有的专利数量较多。可见，不同行业对企业家的创新能力有直接的影响。

纳入空间视角，考虑行业因素是否影响不同行业内企业家集聚对所在区域创新的影响，研究按照我国国民经济行业分类标准对企业家所在的行业进行了分组，分析了企业家集聚对所在城市创新的影响（见表 7-10 至表 7-12）。

表7-10 不同行业的企业家集聚对区域创新影响的实证分析（1/3）

所属行业	制造业		批发和零售业		交通运输、仓储和邮政业	
变量名称	*Innovation*	*Effects*	*Innovation*	*Effects*	*Innovation*	*Effects*
Entrepreneur	0.074***	0.043*	0.051***	0.039**	0.089***	0.090***
	(3.77)	(1.86)	(2.77)	(2.48)	(3.43)	(3.45)
GDP	1.105***	1.128***	1.032***	1.041***	0.956***	0.972***
	(11.59)	(11.58)	(10.07)	(10.03)	(8.71)	(8.82)
Education	0.222***	0.239***	0.229***	0.235***	0.294***	0.271***
	(3.30)	(3.33)	(3.63)	(3.76)	(3.83)	(3.60)
Science	0.056*	0.075**	0.062**	0.058*	0.036	0.039
	(1.91)	(2.21)	(2.10)	(1.95)	(1.04)	(1.11)
Telcom	0.037	0.029	0.056	0.058	0.000	0.010
	(0.97)	(0.69)	(1.07)	(1.11)	(0.01)	(0.23)
样本数	1 089	1 084	940	940	686	686
CITY FE	YES	YES	YES	YES	YES	YES
YEAR FE	YES	YES	YES	YES	YES	YES
R^2	0.44	0.41	0.44	0.44	0.46	0.45

注：括号内为 z 统计量，***、** 和 * 分别表示在1%、5%和10%水平下显著。

表7-11 不同行业的企业家集聚对区域创新影响的实证分析（2/3）

所属行业	软件和信息技术服务业		金融业		租赁和商业服务业	
变量名称	*Innovation*	*Effects*	*Innovation*	*Effects*	*Innovation*	*Effects*
Entrepreneur	0.065**	0.100***	0.060**	0.059**	0.093***	0.091***
	(2.32)	(3.25)	(2.47)	(2.44)	(4.75)	(4.61)
GDP	0.965***	0.843***	0.940***	0.943***	0.910***	0.915***
	(8.43)	(6.84)	(7.47)	(7.48)	(9.42)	(9.50)
Education	0.221	0.276***	0.279***	0.280***	0.340***	0.341***
	(3.22)***	(3.13)	(3.13)	(3.15)	(5.47)	(5.44)
Science	0.060	0.044	0.067	0.067	0.037	0.034
	(1.60)	(1.09)	(1.57)	(1.56)	(1.38)	(1.26)
Telcom	0.101**	0.096**	0.122**	0.123**	0.065*	0.075**
	(2.21)	(2.24)	(2.11)	(2.11)	(1.95)	(2.17)

续表

所属行业	软件和信息技术服务业		金融业		租赁和商业服务业	
变量名称	*Innovation*	*Effects*	*Innovation*	*Effects*	*Innovation*	*Effects*
样本数	711	711	629	629	1 011	1 010
CITY FE	YES	YES	YES	YES	YES	YES
YEAR FE	YES	YES	YES	YES	YES	YES
R^2	0.47	0.44	0.43	0.43	0.46	0.47

注：括号内为 z 统计量，***、** 和 * 分别表示在 1%、5% 和 10% 水平下显著。

表 7-12　不同行业的企业家集聚对区域创新影响的实证分析 (3/3)

所属行业	教育		文化、体育和娱乐业	
变量名称	*Innovation*	*Effects*	*Innovation*	*Effects*
Entrepreneur	0.100***	0.099***	0.059**	0.059**
	(3.25)	(3.22)	(2.26)	(2.24)
GDP	0.843***	0.845***	0.976***	0.977***
	(6.84)	(6.86)	(9.02)	(9.02)
Education	0.276***	0.276***	0.279***	0.281***
	(3.13)	(3.14)	(3.78)	(3.80)
Science	0.044	0.045	0.046	0.045
	(1.09)	(1.09)	(1.41)	(1.38)
Telcom	0.096**	0.096**	0.098**	0.098**
	(2.24)	(2.24)	(2.35)	(2.34)
样本数	598	598	710	710
CITY FE	YES	YES	YES	YES
YEAR FE	YES	YES	YES	YES
R^2	0.44	0.44	0.49	0.49

注：括号内为 z 统计量，***、** 和 * 分别表示在 1%、5% 和 10% 水平下显著。

研究结果显示，行业是企业家集聚对所在城市创新影响的重要调节因素。从结果看，部分行业的企业家集聚对所在城市的创新具有正向显著的影响，而另一部分行业的企业家集聚对城市整体的创新并未产生显著影响。回归结果如表 7-13 所示。

表 7-13 不同行业企业家对区域创新的影响结果统计

影响结果	具体行业
行业企业家集聚对所在区域创新有显著的正向影响	制造业（C），批发和零售业（F），交通运输、仓储和邮政业（G），信息传输、软件和信息技术服务业（I），金融业（J），租赁和商业服务业（L），教育（P），文化、体育和娱乐业（R）
行业企业家集聚对所在区域创新没有显著影响	农、牧、林、渔业（A），电力、热力、燃气及水生产和供应（D），建筑业（E），住宿和餐饮业（H），科学研究和技术服务业（M），水利、环境和公共设施管理业（N），居民服务、修理和其他服务业（O），卫生和社会工作（Q），公共管理社会保障和社会组织（S）

在企业家集聚对城市创新有正向影响的所有行业中，教育行业，租赁和商业服务业，以及交通运输、仓储和邮政业的影响系数最大。联系实际，进一步反映出，这些行业的企业家与所在城市其他创新要素的知识溢出更为紧密。这启示我们要进一步重视对这些行业企业家的培育，发挥其对创新的重要示范带头作用。

7.4 本章小结

本章对区域内企业家集聚如何影响创新做了进一步的探究。主要基于两个维度：具体的作用机制、不同类型的企业家对创新影响的差异。本章基于各城市企业家的数据，通过两阶段回归和构造对照组的方式，分别检验了城市内企业家集聚是否通过风险投资与人才两个重要机制，对所在区域的创新发挥影响。

从人力资本的视角看，与科学家、研发人员、工程师等其他类型的人力资本相比，企业家或许并不是新知识的创造者，但却能够识别真正的市场机会。基于此，企业家进一步发挥自身集聚和配置资源的角色特性，整合实现创新需要的资源，并承担从新知识到新产品转化过程中的风险，进而促进创新。在这个过程中，人才和资本是企业家创新的重要资源和机制。本章的实证分析进一步证实了，风险投资和人才是企业家集聚对所在区域创新产生影响的重要机制。对照组实验显示，风险投资活跃度较高的城市，企业家集聚水平对区域创新的回归系数是风险投资活跃度较低城市的6倍以上；人才较多的城市，企业家集聚对区域的整体创新存在显著的正向影响，其影响系数比人才较少的城市高出32%。想发挥企业家集聚对区域创新的重要作用，需要进一步促进企业家才能、风险资金与人才的高效匹配机制。

研究实证分析进一步显示，企业家群体本身的异质性使得其集聚对区域内创新产生了不同程度的影响。实证分析显示，并非"大企业"的企业家集聚最能促进区域内创新水平的提升；相反，当企业的注册资本超过1 000万元人民币，这种类型的企业家集聚对区域创新影响的回归系数最小。当企业家掌握适中的资源时，企业家集聚对区域创新的正向影响系数最大。这可能是由于这种类型的企业家在区域内与其他经济要素的交流与联系最为紧密；这类企业本身也可能处在自身发展的"快车道"上，因此对所在区域整体的溢出效应最大。从不同的行业来看，对标我国行业分类标准，我国制造业（C），批发和零售业（F），交通运输、仓储和邮政业（G），信息传输、软件和信息技术服务业（I），金融业（J），租赁和商业服务业（L），教育（P），文化、体育和娱乐业（R）等八大行业的企业家集聚对区域创新有显著的正向影响，其影响系数在0.04~0.1不等，说明这些行业内的企业家集聚水平每提高1个单位，所在区域的创新水平将提高4%~10%。相较之下，其他行业内企业家的集聚对所在区域创新未能产生显著影响。

通过本章的机制分析，更加深入地掌握和了解了企业家集聚对所在区域发挥创新的作用机制，为进一步制定科学的创新和产业政策奠定了基础。

8 企业家集聚对区域创新影响的空间溢出效应实证分析

在分析了区域内企业家集聚对创新的影响及其机制后，本章重点关注企业家集聚对创新影响的空间溢出效应。企业家集聚除了对所在区域的创新发生影响外，随着区域间经贸合作和往来的加强，城市 i 的企业家集聚对其关联城市 j 也会产生影响。这种影响就是企业家集聚对区域创新的空间溢出效应。

本章由两部分构成。首先，延续前文的思路，基于地理二值权重矩阵，就企业家集聚对区域创新影响的空间回归系数和间接影响进行了分析。考虑到在不同的区域，企业家集聚对区域创新的影响会有不同，本章采用不同的空间矩阵代表了不同意义的空间关联，比较了不同空间关联中企业家集聚对区域创新的溢出效应。

其次，城市群是我国当前城市化工作的核心，也为进行空间分析提供了新的视角。从我国当前城市群发展的现实出发，本章比较了不同城市群内企业家空间溢出效应的区别，为不同城市群内如何利用企业家集聚对创新的空间溢出效应，带动城市群整体创新水平的提升提供了理论基础。

8.1 企业家集聚对区域创新影响的空间溢出效应分析

从空间溢出效应本身出发，企业家集聚对区域创新影响的空间溢出效应包括三方面内容：①基于一定的空间关系，城市 i 的企业家集聚对城市 j 的创新产出具有怎样的影响？这样的影响是否具有统计学意义的显著性？②在不同区域内，企业家集聚对区域创新影响的空间溢出效应是否有差异？③除此之外，基于不同的空间关联关系，企业家集聚对关联城市创新的影响方向和显著性是否有变化？围绕三方面的问题，本节从四个方面对企业家集聚的空间溢出效应进行分析。

8.1.1 企业家集聚对接邻区域空间溢出效应的整体分析

基于空间杜宾双固定效应模型①，城市 i 企业家集聚对接邻的城市 j 的影响，回归结果如表 8-1 所示。

表 8-1 企业家集聚对接邻城市的空间溢出效应

变量名称	Innovation	Effects
$W \times Y$	0.524***	0.471***
	(0.021 6)	(0.022 9)
$W \times Entrepreneur$	0.106***	0.127***
	(0.025 1)	(0.030 4)
$W \times GDP$	-0.572***	-0.441***
	(0.085 4)	(0.095 4)
$W \times Education$	0.193***	0.161***
	(0.048 7)	(0.059 1)
$W \times Science$	-0.008 93	-0.001 37
	(0.024 9)	(0.030 0)
$W \times Telcom$	-0.043 8	-0.069 2
	(0.034 5)	(0.042 4)
lgt_theta	-1.658***	-1.263***
	(0.056 7)	(0.062 4)
sigma2_e	0.068 8***	0.109***
	(0.002 65)	(0.004 17)
样本数	1 716	1 716
CITY FE	YES	YES
YEAR FE	YES	YES
R^2	0.758	0.763

注：括号内为估计标准误，***、**和*分别表示在1%、5%和10%水平下显著。

---

① 具体模型见第 6 章 6.1.3 模型选择与设定中的式（3）、式（4）。

从整体看，城市 i 的整体创新水平对邻接城市 j 存在正向影响。这说明在区域创新水平的提升过程中，重点提高某些城市的创新水平，对于其周边邻接城市有重要的溢出作用，得出三方面的结论。

（1）从以上回归结果看，城市 i 企业家集聚水平的提升对接邻城市 j 的创新产出，有正向显著的空间溢出效应。除此之外，城市 i 内教育投入的增加，对于接邻城市 j 的创新产出提升有正向的影响作用。

（2）对城市 i 内基础设施、科学技术研发的投入，对接邻城市没有产生显著的作用；经济发展水平对邻接城市的创新存在"虹吸效应"，即城市 i 的 GDP 的提升对接邻城市的创新水平存在显著的负面影响。

（3）进一步对比企业家集聚对所在城市创新的影响及区域创新的影响系数，研究发现，企业家集聚对于接邻城市 j 存在空间溢出效应，且要高于企业家集聚对本城市的影响。这是空间内的竞争效应造成的，由于同一个城市内的资源禀赋、区域市场有限，因此企业家集聚的创新效应主要溢出到了接邻城市内。

通过不同变量的回归系数比较，以上表现进一步回应了研究的基本出发点，即"创新是基于人的产出"。在知识经济的时代，依靠单纯的物质投入无法真正促进区域创新的协同提升。这进一步启示我们应该减少城市间限制企业家及人才流动的壁垒，促进企业家集聚效应在区域间扩大。这对接邻城市创新水平的同步提升有着重要作用。

8.1.2 空间相关性的直接效应与间接效应分解

在空间计量研究中，为完全说明变量之间因果关系的方向和显著性，我们需要深入分解空间相关性效应。塞奇和佩斯（Sage and Pace，2009）曾给出一个引人深思的案例：某解释变量的空间滞后项多数为负数，且统计上不显著，但该解释变量的空间溢出效应却是显著为正的。由于空间计量模型中存在这种情况，从科学严谨的角度出发，在研究对各变量的空间相关性效应同样做进一步分解。

在本章的研究语境下，企业家集聚对区域创新影响的直接效应是指地

级市 i 内的解释变量变动对本市创新水平的影响;而间接效应即为城市 i 相关解释变量变动对其他城市创新水平的影响。

空间杜宾模型的直接效应与间接效应分解的结果见表 8-2。

表 8-2 企业家集聚对区域创新影响的空间相关性效应的分解

空间相关性	*Innovation*			*Effects*		
	Direct Effect	Indirect Effect	Total Effect	Direct Effect	Indirect Effect	Total Effect
Entrepreneur	0.072 6***	0.260***	0.333***	0.058 4***	0.256***	0.314***
	(0.016 4)	(0.046 8)	(0.054 1)	(0.019 7)	(0.051 1)	(0.059 1)
GDP	0.911***	-0.176***	0.735***	0.874***	-0.054***	0.820***
	(0.054 7)	(0.139)	(0.154)	(0.059 3)	(0.145)	(0.160)
Education	0.129***	0.474***	0.602***	0.151***	0.389***	0.539***
	(0.027 3)	(0.090 1)	(0.102)	(0.032 7)	(0.098 5)	(0.111)
Science	0.024 9*	0.008 97	0.033 8	0.042 3**	0.032 4	0.074 7
	(0.014 0)	(0.049 0)	(0.055 5)	(0.016 7)	(0.053 2)	(0.060 1)
Telcom	0.059 9***	-0.027 2	0.032 6	0.074 3***	-0.062 0	0.012 4
	(0.019 9)	(0.067 7)	(0.079 0)	(0.023 8)	(0.074 4)	(0.086 5)

注:括号内为估计标准误,***、** 和 * 分别表示在 1%、5% 和 10% 水平下显著。

基于以上结果,得出三方面结论。

(1) 企业家集聚及相关解释变量对于区域创新整体的直接效应,与企业家集聚对区域内创新的影响中回归结果的系数与显著性水平一致,再次验证了区域内各解释变量对区域创新的正向作用。

(2) 从间接效应看,除了企业家集聚与区域教育,其他因素对于临近区域创新的间接效应不显著外,其他与前文分析得到的结论一致。区域内创新的互相影响主要通过人才要素实现。

(3) 企业家集聚对于区域创新的间接效应要大于直接效应,企业家集聚的空间溢出效应更为明显。这是由于同一城市内的企业家之间存在对同一区域市场的竞争所导致。综上所述,从研究的计量模型出发,各变量的间接效应与其空间滞后项的回归结果具有一致性。

8.1.3 我国不同区域企业家集聚空间溢出效应的讨论

不同的地理区划代表了不同的经济发展水平、自然环境以及社会文化氛围，是一个较为综合的讨论异质性的方式。本节按照我国东中西部以及南北方的标准，对286个样本城市进行划分，并基于这些划分，进一步讨论不同区域的企业家集聚，对区域创新是否产生不同的空间溢出效应。

基于空间二值权重矩阵，我国东部、中部、西部城市内企业家集聚对接邻城市区域创新的空间溢出效应分析结果如表8-3所示。

表8-3 我国东部、中部、西部地区企业家集聚空间溢出效应的差异

区域划分	东部地区		中部地区		西部地区	
变量名称	Innovation	Effects	Innovation	Effects	Innovation	Effects
$W \times Y$	0.538***	0.556***	0.518***	0.492***	0.437***	0.305***
	(0.043 8)	(0.040 8)	(0.035 8)	(0.033 3)	(0.049 9)	(0.091 9)
$W \times Entrepreneur$	0.138***	0.156***	0.045 8	0.040 9	0.095 8	0.123*
	(0.035 6)	(0.036 8)	(0.057 5)	(0.046 1)	(0.062 3)	(0.072 3)
$W \times GDP$	−0.700***	−0.663***	−0.511***	−0.53***	−0.445	0.061 5
	(0.176)	(0.179)	(0.194)	(0.187)	(0.291)	(0.871)
$W \times Education$	0.144**	0.102**	0.115	0.198	0.381***	0.151
	(0.070 4)	(0.076 7)	(0.095 2)	(0.122)	(0.147)	(0.308)
$W \times Science$	−0.067 3	−0.044 2	0.046 3	0.069 0	0.132*	0.038 7
	(0.063 0)	(0.066 7)	(0.034 9)	(0.048 8)	(0.075 4)	(0.083 2)
$W \times Telcom$	−0.050 3	−0.099 0*	−0.065 3	−0.067 0	0.012 6	0.003 92
	(0.052 0)	(0.058 3)	(0.080 0)	(0.082 7)	(0.086 9)	(0.097 2)
lgt_theta	−1.488***	−1.425***	−1.420***	−1.11***	−2.024***	−1.48***
	(0.097 9)	(0.091 2)	(0.117)	(0.185)	(0.321)	(0.318)
sigma2_e	0.051***	0.060***	0.063***	0.116***	0.099 5***	0.161***
	(0.007 36)	(0.007 9)	(0.007 0)	(0.031 8)	(0.014 2)	(0.032 9)
CITY FE	YES	YES	YES	YES	YES	YES
YEAR FE	YES	YES	YES	YES	YES	YES
样本数	690	690	654	654	372	372
R^2	0.828	0.809	0.674	0.632	0.393	0.525

注：括号内为估计标准误，***、**和*分别表示在1%、5%和10%水平下显著。

从以上回归结果看。

（1）整体上，无论我国东部、西部，城市 i 的创新水平对于邻接城市 j 均有正向显著的溢出。但城市 i 企业家的集聚对于邻接城市 j 的正向溢出效应仅限于东部地区，其显著性远高于全国平均水平。

（2）城市 i 的经济发展水平对其邻接城市均有负面影响，东部、中部经济发达城市对周边创新的"虹吸"效应显著。东部邻接城市之间对于创新要素的竞争效应要强于中部。

（3）分地区看，教育对于创新的溢出作用在中部地区并不显著，而在东部和西部地区较为显著，且对西部地区接邻城市创新的影响系数要高于东部地区，进一步说明在市场机制不充分的西部地区应该进一步扩大教育投入，以此提升和促进西部城市创新水平的提高。

东西差异一直是我国区域均衡发展的研究和政策制定的重点。随着我国西部大开发、东北振兴战略等区域发展政策的推进和实施，南北分化的加剧成为党的十八大以来，我国区域分化的一个重要特点。本节进一步根据普遍认知的秦岭-淮河一线的划分标准（张相文，1908）和《基于GIS的中国南北分界带分布图》（张剑等，2012）对我国286个城市进行了南北划分，并在原有地理二值矩阵的基础上，重新构建了基于我国南方、北方城市接邻关系的空间权重矩阵。

基于空间二值权重矩阵，我国南北方不同城市企业家集聚对接邻城市区域创新的空间溢出效应分析结果如表 8-4 所示。

表 8-4 我国南方、北方企业家集聚空间溢出效应的差异

区域划分	南方		北方	
变量名称	*Innovation*	*Effects*	*Innovation*	*Effects*
$W \times Y$	0.466***	0.457***	0.608***	0.444***
	(0.031 9)	(0.033 4)	(0.028 2)	(0.032 3)
$W \times Entrepreneur$	0.118***	0.136***	0.069 9**	0.099 5**
	(0.033 8)	(0.041 3)	(0.033 5)	(0.043 8)
$W \times GDP$	-0.528***	-0.546***	-0.504***	-0.298**
	(0.115)	(0.135)	(0.135)	(0.130)

续表

区域划分	南方		北方	
变量名称	*Innovation*	*Effects*	*Innovation*	*Effects*
W×Education	0.094 6	0.110	0.309***	0.205**
	(0.062 2)	(0.076 2)	(0.071 1)	(0.092 2)
W×Science	0.030 3	0.066 1	−0.015 7	−0.068 8
	(0.035 8)	(0.044 1)	(0.032 2)	(0.041 9)
W×Telcom	−0.064 6	−0.093 9*	−0.037 8	−0.029 6
	(0.044 5)	(0.055 3)	(0.047 4)	(0.063 1)
sigma2_e	0.066***	0.106***	0.056 0***	0.108***
	(0.003 44)	(0.005 48)	(0.002 90)	(0.006 18)
CITY FE	YES	YES	YES	YES
YEAR FE	YES	YES	YES	YES
样本数	930	930	786	786
R^2	0.802	0.821	0.601	0.698

注：括号内为估计标准误，***、**和*分别表示在1%、5%和10%水平下显著。

从整体上来看，我国南方、北方各邻接城市的创新水平之间存在着正向的空间相关性。我国南方、北方企业家集聚对邻接城市创新均有显著的正向溢出效应。其中，我国南方各城市企业家集聚水平对邻接城市的溢出效应要高于北方各城市，其回归系数较北方城市高出42%。南方企业家集聚对邻接区域的空间溢出效应与东部城市企业家集聚的影响水平相当。值得一提的是，和北方相比，南方城市的教育投入对其相邻城市的溢出效应不显著。与此同时，南方各城市的教育投入对本区域内创新有显著的正向作用，可以理解为南方地区本地市场对教育产出的吸引力足够大，在城市内部形成了有效的闭合循环。

8.1.4 基于不同空间权重矩阵的讨论

本节前三部分的分析结论主要是在地理二值矩阵的基础上得到的。但事实上，城市之间存在着许多不同的关联。为了使研究更加客观，同时也能够更加全面地考察不同空间联系下，企业家集聚对区域创新的空间溢出效应的差异，下面将地理距离矩阵、经济距离矩阵，以及经济×地理距离矩阵三种不同类型的矩阵纳入实证分析中。对于地理二值矩阵（城市间的接邻关系）、地理距离矩阵（城市地理中心距离远近关系）、经济距离矩阵（城市间经济水平差异关系），以及经济×地理距离矩阵四种不同类型矩阵下，企业家集聚空间溢出效应的具体回归结果如表8-5、表8-6所示。

表8-5 企业家集聚的空间溢出效应基于不同空间权重矩阵的讨论（1/2）

矩阵名称	地理二值矩阵		地理距离矩阵	
	Innovation	*Effects*	*Innovation*	*Effects*
$W \times Innovation$	0.524***	0.471***	0.316***	0.325***
	(0.0216)	(0.0229)	(0.0386)	(0.0373)
$W \times Entrepreneur$	0.106***	0.127***	0.0240**	0.0492*
	(0.0251)	(0.0304)	(0.0334)	(0.0385)
$W \times GDP$	-0.572***	-0.441***	-0.487**	0.383**
	(0.0854)	(0.0954)	(0.203)	(0.192)
$W \times Education$	0.193***	0.161***	0.00987	0.0227
	(0.0487)	(0.0591)	(0.0810)	(0.0879)
$W \times Science$	-0.00893	-0.00137	-0.0377	-0.0545
	(0.0249)	(0.0300)	(0.0552)	(0.0592)
$W \times Telcom$	-0.0438	-0.0692	-0.0366	-0.0784
	(0.0345)	(0.0424)	(0.0654)	(0.0684)
CITY FE	YES	YES	YES	YES
YEAR FE	YES	YES	YES	YES
R^2	0.758	0.726	0.675	0.691

注：括号内为估计标准误，***、**和*分别表示在1%、5%和10%水平下显著。

表8-6 企业家集聚的空间溢出效应基于不同空间权重矩阵的讨论（2/2）

矩阵名称	经济距离矩阵		经济×地理距离矩阵	
	Innovation	*Effects*	*Innovation*	*Effects*
$W \times Innovation$	0.741***	0.818***	0.466***	0.447***
	(0.0329)	(0.0222)	(0.0382)	(0.0390)

续表

矩阵名称	经济距离矩阵		经济×地理距离矩阵	
	Innovation	*Effects*	*Innovation*	*Effects*
W×*Entrepreneur*	0.540***	0.479***	0.042 2**	0.072 9**
	(0.128)	(0.164)	(0.030 4)	(0.035 5)
W×*GDP*	0.391	1.188**	0.142**	0.036 9**
	(0.461)	(0.534)	(0.218)	(0.200)
W×*Education*	0.094 3	−0.182	0.107	0.124
	(0.158)	(0.194)	(0.078 2)	(0.093 0)
W×*Science*	−0.517	−1.203***	−0.033 6	−0.043 0
	(0.333)	(0.388)	(0.055 4)	(0.057 1)
W×*Telcom*	−2.640***	−2.232***	−0.084 3	−0.116
	(0.551)	(0.760)	(0.068 0)	(0.073 6)
CITY FE	YES	YES	YES	YES
YEAR FE	YES	YES	YES	YES
R^2	0.752	0.749	0.696	0.711

注：括号内为估计标准误，***、**和*分别表示在1%、5%和10%水平下显著。

基于表8-5、表8-6的结果，得出两方面的结论：首先，在不同的空间关联下，286个样本地级市的区域创新之间存在正向显著的空间相关性。较其他因素，在经济距离下，这样的空间相关性最为密切，从侧面反映了各城市的创新关联主要依赖于各城市间经济活动的开展。其次，在不同类型的空间关联下，企业家集聚对相对应空间关联城市的创新均有正向显著的空间溢出效应。然而，在考虑地理距离的影响下，企业家集聚的空间溢出效应最小；而在经济距离下，企业家集聚的空间效应最大。进一步的，在单纯的地理距离矩阵、经济距离矩阵以及经济×地理距离矩阵下，讨论企业家集聚对其相关城市创新的溢出效应，发现经济关联能够进一步抵消地理距离对空间溢出效应的负向影响，这从一个侧面说明，企业家的集聚主要通过各城市间的经济往来对关联城市的创新产生溢出作用。不同空间矩阵对企业家集聚空间溢出效应的稳健性进行了补充说明。

8.2 基于不同城市群的讨论

以城市群为视角审视企业家集聚对区域创新的空间溢出效应有两方面的考虑。一方面，尽管企业家的集聚活动具有空间溢出效应，但知识溢出受到地理距离、心理距离及文化距离的影响。我国幅员辽阔，不同地域之间的文化、习俗不尽相同，而同一城市群内的城市之间互相连接，具有相同的文化与社会习俗，因此以城市群为视角，研究不同城市群内企业家集聚对创新的空间溢出效应，更加具有现实意义。另一方面，我国当前处于城市群建设与发展的重要阶段。以城市群为空间尺度，以企业家的集聚为切入点，如何更好地促进城市群创新的发展，是本节要聚焦回答的问题。

8.2.1 城市群内企业家集聚的空间溢出效应分析

从定义看，城市群是指多个城市的集合体。这些城市之中有某一个中心城市向四周辐射，由于空间邻近，逐渐形成了城市之间基于不同功能的分工与合作。通过进一步的整体发展规划与城市间的基础设施建设，这些城市在不断的发展中，形成了更加紧密联系的空间网络。

城市群作为一个概念被提出可以追溯到 20 世纪早期。格迪斯（Geddes，1915）在对英国城市发展的研究中发现，原本的大城市随着铁路、公路、运河的延展，扩散成了几个空间上互相链接的小城市。他将这类地区称为城市群（Urban Agglomerations）。城市群是城市化进一步发展、产业空间发展的必然结果。进入 21 世纪以来，城市群已经成为发达国家城市化发展的集中表现，成为审视国家和地区经济发展的重要空间尺度。

从城市群的角度出发，分析企业家集聚对区域创新影响的空间溢出效应具有合理性。一方面，城市群本身就是经济要素在空间上集聚的体现。另一方面，城市群内企业家集聚对区域创新的影响，从理论上看有两种实现方式。首先是模仿效应。同一城市群内的企业家由于地理距离上的紧密连接，有可能产生的是彼此行为上的模仿，造成城市群内企业家之间创新行为上的联动。一旦城市群内的某一部分领先企业家获得成功，其他跟随者会进一步跟进，企业家的创新行为在城市群的空间尺度下具有溢出效应。也有学者认为，这是由于同一城市群内，企业家所面临的外部环境相同，而做出的相似的投资决策（林毅夫等，2010；赵娜等，2017）。其次是城市群内企业家的互相学习，对区域创新整体的带动效应。城市之间的紧密联系为企业家集聚间广泛而深入的交流提供了良好的空间和物理基础，促进了不同城市、企业家群体之间的学习和交流，进而对区域的创造有着重要的作用。

从实证角度看，在城市群视角下对企业家集聚的空间溢出效应进行分析的时候，需要对空间权重矩阵做进一步考虑。主要原因在于，城市群内的样本数量有限，且城市群内城市之间的接邻关系并不是最为突出的空间关系。因此，在聚焦于城市群内部各城市的空间关系下进行分析的时候，相较于地理二值权重矩阵、地理距离矩阵或是经济距离矩阵，采用经济×地理距离矩阵，能够最大限度地体现区域内城市间的关联。在城市群范围内的城市，往往面临着相似的经济社会环境，在这样的语境下，通过城市国民生产总值反映城市间的经济关联，并同时考虑城市内地理距离对其的影响，能够最大限度地体现城市间的空间关联。

从基准回归的结果出发，各城市的研发投入和基础设施有很强的本地性；从知识溢出的理论看，这些内容的交流和传播受地理距离的影响较大。因此，在各城市群的分析过程中，我们通过杜宾空间计量模型着重突出了企业家集聚水平、城市经济发展水平以及城市教育投入，分析了不同城市群内，具体城市的经济变量对有空间关联城市的创新产出的空间溢出效应。

8.2.2 我国城市群发展现状

随着我国改革开放的不断深化，社会主义市场经济体制的建设逐步打破了原有行政区划的壁垒，城市间的联系与协作成为经济发展的必然趋势。特别是以高铁为代表的现代化交通设施和其他基础设施的完善，为城市间要素的自由流动提供了现实的物质基础。

以城市群作为主体推进中国城市化进程是我国现阶段的工作重点。2005年，国家发展和改革委员会在《2020年中国城市体系框架（纲要）》中，提出依托枢纽城市，建设东部沿海地区辽中南、京津唐、胶济沿线、长江三角洲、闽东中部沿海、珠江三角洲6大"城市密集区"的设想。2008—2010年，我国以城市群为主体，颁布了一系列的区域发展规划纲要，进一步说明了城市群是审视我国经济活动重要的空间视角。我国的"十三五"规划将"加快城市群建设发展"①，作为城镇化工作的重点明确提出。2017年4月，中共中央、国务院决定设立国家级新区雄安新区。这一举措标志着我国正式形成了京津冀协同发展，长江三角洲区域一体化发展，"一带一路"建设，长江经济带发展，粤港澳大湾区建设等国家战略相互配合的改革开放空间布局。

基于国务院对我国主要城市群发展规划等批复时间、各大城市群的人口总数、GDP增速等指标②，本节将我国19个城市群划分为三类（见表8-7），研究不同城市群内，我国企业家集聚对区域创新的影响。

表8-7 我国主要城市群按发展阶段分类

类别	数量	具体城市群名称
成熟型城市群	2	长三角城市群、珠三角城市群
高速成长型城市群	2	京津冀城市群、成渝城市群
发展中城市群	13	海峡西岸城市群、山东半岛城市群、武汉城市群、中原城市群、关中平原城市群、滇中城市群、黔中城市群、辽中南城市群、哈长城市群、宁夏沿黄城市群、山西中部城市群、北部湾城市群、长株潭城市群，等等

基于以上分类，从三个不同的城市群发展阶段中，各挑选两个城市群进行回归分析：成熟型城市群——长三角城市群、珠三角城市群（不含港澳地区）；高速成长型城市群——京津冀城市群、成渝城市群；发展中城

---

① 详见《中华人民共和国国民经济和社会发展第十三个五年规划纲要》第八篇推进新型城镇化、第九篇推动区域协调发展的相关内容。
② 恒大研究院. 中国城市群发展潜力排名：2019 [EB/OL]. https://www.sohu.com/a/346796085_162890，2019-12-12.

市群——海峡西岸城市群、山东半岛城市群。选择这些城市群，一是考虑这些城市群本身的代表性；二是参考了基于企业家办公地理位置点密度分析的结果。各城市群具体包含的城市参考相关城市群规划文件。

8.2.3 成熟型城市群企业家集聚对区域创新的影响

"长三角"和"珠三角"城市群是我国经济发展最为活跃，也是目前我国所有城市群中发育最为成熟的。"长三角"是对长江三角洲城市群的简称，该城市群以上海为中心，包括长江入海之前的冲积平原以及由此辐射开来的长江下游地区。长三角城市群的规划和战略构想由来已久。2010年5月，国务院正式批准和实施了《长江三角洲地区区域规划》，以此作为长三角城市群的统一规划和发展，相对于其他城市群而言有着更加深远的意义。随着长三角地区发展成为全国乃至全球经济和创新最为活跃的区域，2019年底，中共中央和国务院共同印发了《2019年长江三角洲区域一体化发展规划纲要》，长三角城市群范围进一步扩大，包括苏浙皖沪四省市在内的全部区域。作为"21世纪海上丝绸之路"的起点与长江经济带的交汇之处，长三角城市群在我国当前城市化格局和对外开放战略中的重要地位不言而喻。长三角城市群内的企业家集聚和区域创新对我国其他城市而言有着重要的示范作用。

珠江三角洲经济区最早由广东省政府在1994年确立，其综合实力排名全国第二，仅次于长三角。珠三角早期的发展主要得益于面向香港，"前店后厂"的模式带动了珠三角民营企业的高速发展。除此之外，珠三角地区在改革开放的过程中，一直享有诸多政策红利，在发展浪潮中，诞生了诸如华为、腾讯等高科技企业。2016年，珠三角地区高新技术企业数量达到18 880家。2019年初，中共中央、国务院印发了《粤港澳大湾区发展规划纲要》[1]，规划纲要指出："香港特别行政区、澳门特别行政区和广东省广州市、深圳市、珠海市、佛山市、惠州市、东莞市、中山市、江

---

[1] 中共中央、国务院. 粤港澳大湾区发展规划纲要 [EB/OL]. https://baike.baidu.com/item/, 2019-12-25.

门市、肇庆市联手建设粤港澳大湾区。"

随着"一带一路"倡议成为我国对外开放的基本战略，珠三角也升级为粤港澳大湾区，但由于香港特别行政区和澳门特别行政区数据的缺失，因此本书未能将最新规划中粤港澳大湾区涉及的所有城市纳入进一步的实证分析中。实证研究中纳入的仍是传统意义上包括广州市、深圳市、珠海市、佛山市等9个地级市在内的珠三角城市群。

对两大成熟型城市群内各城市间企业家集聚，对城市群内其他关联城市创新的空间溢出效应回归结果如表8-8所示。其中，$W \times Innovation$ 代表城市群样本下城市创新的空间相关系数；$W \times Effects$ 代表扣除了企业家所在企业的创新产出后，城市其他不受企业家直接控制的创新产出的空间相关系数；$W \times Entrepreneur$ 代表企业家集聚的空间残差。为严谨起见，本节同样整理了相关变量空间计量中的间接效应（$Indirect\ Effects$），用于进一步验证其空间溢出效应的方向和显著性。

表8-8 长三角和珠三角地区企业家集聚对关联区域创新的影响

变量名称	长三角城市群		珠三角城市群	
	$Innovation$	$Effects$	$Innovation$	$Effects$
$W \times Innovation$	0.341***		0.461***	
	(0.0923)		(0.0938)	
$W \times Effects$		0.244*		0.324***
		(0.132)		(0.0785)
$W \times Entrepreneur$	0.270**	0.291*	0.187***	0.115**
	(0.137)	(0.149)	(0.0485)	(0.0799)
$Indirect\ Effect$	0.301**	0.247	0.202***	0.112**
	(0.128)	(0.158)	(0.0629)	(0.186)
$W \times GDP$	-1.374***	-1.186***	-0.0415	-0.124
	(0.270)	(0.402)	(0.716)	(1.442)
$Indirect\ Effect$	-1.354***	-0.348	-0.260*	0.641
	(0.322)	(0.542)	(0.650)	(1.316)
$W \times Education$	0.583**	0.182	0.420*	0.174
	(0.285)	(0.184)	(0.300)	(0.644)

续表

变量名称	长三角城市群		珠三角城市群	
	Innovation	*Effects*	*Innovation*	*Effects*
Indirect Effect	0.605***	0.183	0.680**	0.187
	(0.231)	(0.184)	(0.347)	(0.586)
sigma2_e	0.066 9***	0.079 1	0.007 0***	0.026 9**
	(0.016 1)	(0.016 0)	(0.001 14)	(0.011 5)
CITY FE	YES	YES	YES	YES
YEAR FE	YES	YES	YES	YES
Other Control Varibles	YES	YES	YES	YES
样本数	144	144	54	54
R^2	0.863	0.856	0.763	0.650

注：括号内为估计标准误，***、**和*分别表示在1%、5%和10%水平下显著。

对长三角城市群和珠三角城市群内企业家集聚空间溢出效应的分析，为全国城市群的发展树立了较高的标杆。实证分析得出四个结论。

（1）整体上，城市群内城市间的创新存在显著的正向空间关联，珠三角城市群内的创新成果互相影响略强于长三角地区。在考虑各城市的空间经济关系和地理距离的影响下，珠三角城市群所包括的城市距离小于长三角城市群，因此长三角城市群内城市间的空间关系存在稀释。城市创新成果的溢出与距离相关，城市群囊括的范围越大，越有利于创新效应在城市群内的扩散。

（2）企业家的集聚在两个不同的城市群内有不同的空间溢出效应。长三角城市群内，某一城市企业家集聚的提升，对与其存在空间关联的城市有正向显著的空间溢出效应。

（3）珠三角和长三角城市群的城市之间存在基于经济发展水平的创新竞争，长三角地区城市间经济发展水平，对城市群内其他城市的创新成果的负面影响要强于珠三角地区。

（4）珠三角与长三角地区内任何城市的教育投入，对区域内创新水平的提升都有显著的正向意义，且显著高于全国平均水平，说明珠三角和长三角区域内城市之间的教育要素流动较全国其他城市更为自由。

8.2.4 高速成长型城市群企业家集聚对区域创新的影响

京津冀城市群和成渝城市群是我国两个高速成长型城市群的代表。其中，京津冀城市群的正式确立和通过时间较晚，但京津冀一体化在我国经济发展，特别是南北经济的平衡过程中有着重要的战略意义。京津冀城市群包括了北京、天津两大直辖市，囊括了河北省各地级市，形成了以北京为城市群主体，天津、河北为"两翼"的发展格局。随着雄安新区被确定为国家级新区，京津冀城市群在我国区域经济发展格局中的重要性不言而喻。

成渝城市群是指以成都和重庆为中心，并向周边城市辐射的城市群。一方面，成渝城市群位于长江流域的中游地区，为中下游区域的发展提供了重要的支撑，是上游区域经济发展的重要拉动力所在。成渝城市群是长江经济带的重要组成部分，其发展对长江经济带整体的发展至关重要。另一方面，成渝城市群是目前唯一位于我国中西部地区的城市群，其建设和发展对我国西部城市的进一步开发有着重要的示范和引领作用，是我国新时期西部大开发的重要平台。2018 年底，我国明确了成渝城市群的发展规划，制定了到 2020 年将成渝城市群建成国家级城市群的发展规划。

基于经济×地理距离矩阵，对京津冀地区和成渝城市群内各相关变量对区域创新的空间溢出效应影响的分析结果如表 8-9 所示。

表 8-9 京津冀和成渝地区企业家集聚对关联区域创新的影响

变量名称	京津冀城市群		成渝城市群	
	Innovation	*Effects*	*Innovation*	*Effects*
W×Innovation	0.565***	—	0.295***	—
	(0.0769)	—	(0.106)	—
W×Effects	—	0.614***	—	0.243***
	—	(0.047 9)	—	(0.089 0)

续表

变量名称	京津冀城市群 Innovation	京津冀城市群 Effects	成渝城市群 Innovation	成渝城市群 Effects
$W \times Entrepreneur$	0.174**	0.130*	0.015 4	0.061 7
	(0.068 5)	(0.078 2)	(0.078 6)	(0.086 6)
Indirect Effect	0.323**	0.205	0.027 0	0.070 2
	(0.137)	(0.156)	(0.101)	(0.106)
$W \times GDP$	0.654	1.032**	0.930**	0.748*
	(0.627)	(0.480)	(0.373)	(0.386)
Indirect Effect	1.675***	2.705***	1.639***	1.323***
	(0.441)	(0.699)	(0.489)	(0.478)
$W \times Education$	-0.005 65	-0.176	-0.523**	-0.405
	(0.097 6)	(0.109)	(0.231)	(0.264)
Indirect Effect	0.030 4	-0.307	-0.574*	-0.429
	(0.273)	(0.337)	(0.298)	(0.350)
$sigma2\_e$	0.020 0***	0.028 3***	0.025 7***	0.041 0***
	(0.005 09)	(0.005 75)	(0.007 59)	(0.009 63)
CITY FE	YES	YES	YES	YES
YEAR FE	YES	YES	YES	YES
Other Contorl Varibles	YES	YES	YES	YES
样本数	66	66	90	90
R^2	0.758	0.810	0.818	0.815

注：括号内为估计标准误，***、**和*分别表示在1%、5%和10%水平下显著。

研究得出四个结论。

（1）整体上，京津冀城市群区域整体创新的空间关联性处于全国最高水平，具体表现为北京地区对周边地区的巨大辐射作用。相比之下，成渝地区该系数仅为0.295，区域间的创新联系有待进一步加强。

（2）京津冀城市群某一城市的企业家集聚对周边城市的创新有显著的正向影响，影响系数小于长三角地区；相较之下，成渝地区内各城市间通过企业家集聚对创新的影响仅限于城市内，并未产生城市间的空间溢出效应。

（3）京津冀城市群与成渝城市群的经济发展水平对相关城市的创新均有显著的负面影响，且系数均为 0.7~0.8。城市 i 的经济发展水平每提高 1 个单位，对应城市的创新水平将下降 8% 左右。

（4）两大城市群内教育投入的影响均仅限于城市之内，对相关城市并未形成显著的影响，说明区域内城市间科教资源的交流有待进一步加强。

8.2.5 发展中城市群企业家集聚对区域创新的影响

在我国的各发展中城市群中，选择海峡西岸城市群和山东半岛城市群作为实证分析的对象。两个城市群一个位于南方，一个位于北方，是所有城市群中正在发育形成的代表。海峡西岸城市群，又称为海峡西岸经济区，是以福建省为主体，包括温州、丽水、上饶、汕头等周边省份部分城市的区域性经济综合体。鉴于海峡西岸经济区位于台湾海峡西岸的特殊地理位置，2009 年 5 月，国务院常务会议讨论通过了《关于支持福建省加快建设海峡西岸经济区的若干意见》，代表其正式成为统一规划发展的城市群。山东半岛城市群是我国十个国家级城市群之一，是我国北方和华东地区人口最为稠密，城市数量密集的区域，覆盖了山东省下辖的所有地级市。在山东半岛城市群中，济南和青岛无疑成为城市群的核心。

基于经济×地理距离矩阵，对两个城市群内企业家集聚对区域创新的空间溢出效应的分析如表 8-10 所示。

表 8-10 海峡西岸和山东半岛城市群企业家集聚对关联区域创新的影响

变量名称	海峡西岸城市群		山东半岛城市群	
	Innovation	*Effects*	*Innovation*	*Effects*
$W \times Innovation$	0.266***	—	0.323***	—
	(0.069 3)		(0.096 4)	
$W \times Effects$	—	0.595***	—	0.286***
		(0.061 0)		(0.102)
$W \times Entrepreneur$	0.000 0	0.019 4	−0.021 1	−0.006 4
	(0.084 4)	(0.116)	(0.074 8)	(0.074 3)

续表

变量名称	海峡西岸城市群		山东半岛城市群	
	Innovation	*Effects*	*Innovation*	*Effects*
Indirect Effect	0.041 3	0.012 4	-0.004 18	-0.006 0
	(0.193)	(0.316)	(0.087 4)	(0.086 9)
W×GDP	-0.781**	-1.126**	-0.820**	-0.882**
	(0.387)	(0.472)	(0.412)	(0.426)
Indirect Effect	-0.454	-1.434	-0.800*	-0.883
	(0.781)	(1.003)	(0.639)	(0.682)
W×Education	0.245	0.235	0.273	0.175
	(0.180)	(0.155)	(0.236)	(0.228)
Indirect Effect	0.727**	0.660**	0.455	0.357
	(0.328)	(0.262)	(0.330)	(0.357)
sigma2_e	0.054 1***	0.069 1***	0.014 8***	0.015 5***
	(0.012 4)	(0.016 2)	(0.002 71)	(0.002 49)
CITY FE	YES	YES	YES	YES
YEAR FE	YES	YES	YES	YES
Other Control Varibles	YES	YES	YES	YES
样本数	102	102	78	78
R^2	0.82	0.79	0.81	0.78

注：括号内为估计标准误，***、**和*分别表示在1%、5%和10%水平下显著。

对海峡西岸城市群和山东半岛城市群内企业家集聚的空间溢出效应分析结果显示：第一，两大城市群内各城市间的创新存在正向显著的空间相关性，但其空间相关系数小于其他城市群，城市群内城市间的创新合作与交流有待进一步加强。第二，两大城市群内各城市的企业家集聚水平提升，对区域内其他城市的创新未形成正向的空间溢出效应。企业家集聚形成的效应仍旧停留在企业家所在的城市之内，在考虑经济和地理关联的情况下，未能对城市群内的其他城市产生正向影响。将海峡西岸城市群和山东半岛城市群分析结果和其他城市群对比，进一步说明城市群的整体关联性有待进一步提升。

8.3 本章小结

本章重点关注并分析了企业家集聚对具有空间关联城市的空间溢出效应。实证结果显示，企业家的集聚对区域创新存在显著的正向空间溢出效应，即城市 i 内企业家集聚水平的提升，能够进一步促进其邻接城市创新水平的提升。实证分析了相关变量的空间残差及间接效应，二者均支持以上研究结论。此外，基于不同空间权重矩阵的分析也证实了该结论的稳健性。

考虑到我国不同地理区位间存在巨大差异，基于我国地理区位的划分，本章分析了企业家集聚对区域创新的正向空间溢出效应是否受到区域异质性的影响。研究结果显示，尽管我国不同区域间的创新存在正向的空间相关性，但我国企业家集聚的空间溢出效应仅在东部地区显著，在中部地区和西部地区，企业家集聚并未对其他区域产生显著影响。其原因一是受不同区域内企业家密度差异的影响；二是不同地区间企业家集聚发挥作用的范围也有巨大差异；西部地区缺乏对所在城市乃至其他关联区域发挥引领作用的企业家。经济发展对区域创新的负面空间溢出效应在东部和中部地区显著，显示出两个地区城市间对创新的竞争效应。

本章进一步分析了不同空间权重矩阵下，企业家集聚对区域创新的空间溢出效应。在不同类型的空间权重矩阵下，企业家集聚对区域创新的影响均具有显著的正向空间溢出效应。研究结论不仅说明了实证结果的稳健性，还揭示了不同空间权重矩阵下不同意义的空间关联。从结果看，企业家集聚的空间溢出效应对地理距离最为敏感，在地理距离的影响下，企业家集聚的空间溢出效应的系数最小。从结果看，在考虑经济×地理距离矩阵的影响下，其结果最具有代表性。

城市群策略的发展，提醒我们从城市群的视角思考企业家集聚的空间溢出效应。本章按照不同城市群的发展阶段，分别考察了发展成熟的城市群、高速成长中的城市群以及发展中的城市群内，企业家集聚的空间溢出效应。研究结果显示，长三角城市群、珠三角城市群，以及京津冀城市群内企业家集聚能够发挥正向的空间溢出效应，而其他城市群内的企业家集聚并未能发挥其正向的空间溢出效应。通过对我国不同城市群企业家集聚情况的研究发现，目前我国存在企业家集聚与城市群发展不匹配的情况。这种时空分异不利于城市群的健康发展，启示我们要加强城市群内的关联，促进企业家集聚发挥对创新的正向空间溢出效应。

9 研究结论与政策建议

服务于经济实践是经济研究的落脚点和价值所在。在回顾和总结全书研究的基础上，本章梳理了发达国家及我国企业家集聚与创新发展水平较高的城市针对企业家和创新提出的相关政策。本章在对政策分析和总结的基础上，从我国"创新驱动战略"与"区域协调发展战略"背景出发，提出了相应的政策建议。

9.1 研究结论

本节通过回顾全书内容，对理论研究结论与实证分析结果进行了总结。在此基础上，重点分析了本研究的不足之处，并在企业家集聚与创新相关的研究主体框架下，对下一步的研究方向进行了拓展。

9.1.1 研究内容梳理

我国企业家分布与区域创新均存在巨大的空间不均衡，创新驱动与区域协调发展是我国当前经济发展的重要战略方向。这一现实矛盾作为研究的出发点，揭示了两个值得研究的问题：其一，企业家分布对区域创新是否存在空间意义上的影响？其二，如果存在空间上的正向影响，那么企业家集聚通过什么样的渠道促进区域创新？

以往的研究揭示了创新的区域属性，但集聚经济的研究主要从厂商的视角出发，基于厂商的区位决策模型阐述不同区域产业集聚带来的外部性，但在实际的经济生活中，企业家决定了企业的发展战略和方向，企是"企业家的企业"。探索和研究区域发展与产业集聚的另一个视角，是企业家的集聚。对企业家与创新的研究主要集中在有限的管理情境中考虑企业家特质对创新的影响，空间视角的考虑还比较有限，企业家活动的空间效应及空间溢出效应缺乏具有影响力的研究成果。

在对以往研究成果梳理的基础上，本书从企业家个人的职业选择和收入决策模型出发，将企业家作为知识溢出的渠道，从理论上证明了企业家集聚对于所在区域创新的影响。从企业家理论出发，企业家的核心角色之一是整合资源，而资金和人才都是企业家实现创新的重要渠道。企业家本身的知识背景、掌握的资源情况将对区域创新产生影响。企业家集聚对区域创新的正向影响不仅局限于区域内，更对有空间关联的其他城市产生正向的空间溢出效应。城市的经济联系越紧密，企业家集聚对于其关联城市的溢出效应越强。

研究的实证分析主要由四部分构成：第一，企业家集聚的特征事实分析；第二，企业家集聚对区域创新影响的直接效应；第三，企业家集聚对区域创新影响的机制分析；第四，企业家集聚对区域创新影响的空间溢出效应。

企业家集聚是一个全新的命题，还没有文献对我国企业家集聚的现状进行系统描绘。基于创新和测度方法的数据，本书对我国企业家集聚现状进行了多层次的深入分析：首先，基于企业家办公位置的散点图分析。其次，基于统计数据，通过城市每万人企业家人数、企业家的区位熵，以及对企业家集聚的点密度三个维度，对企业家的集聚程度做了分析。在与以往区域企业家研究对比的基础上，全面刻画了我国企业家集聚的现状。

基于企业家集聚数据，利用空间计量，对企业家集聚的空间效应做了分析。在基准回归的基础上，基于不同的空间权重矩阵对基准回归进行了稳健性检验，挖掘了企业家集聚对区域创新在不同的空间联系下的影响。考虑到我国不同地域间的差异，基于我国东西差异和南北差距两大经济事实，对基准回归进行了异质性分析。在进一步研究企业家集聚对创新的影响机制中，通过二阶段回归与对照组的设置两个层面，对风险投资和人才两大影响机制进行了检验。不同行业的企业家与掌控不同资源的企业家对区域创新有不同影响，基于企业家的异质性，对企业家集聚对创新的影响进行了分析。

在对企业家集聚的空间溢出效应分析中，通过不同空间权重的设置，研究了不同空间关系下企业家集聚空间溢出效应的差异。联系我国当前城市群建设的实践，进一步比较了不同发展阶段城市群内企业家集聚对区域创新空间溢出效应的差异。

9.1.2 理论研究结论

尽管企业家并不是一个陌生的概念，学者们对于企业家在经济增长和创新中发挥的价值也达成了一定的共识，但不同的学者对于企业家的角色仍有不同的认知。从中国改革开放的实践出发，本书认为，企业家不应该完全是熊彼特意义上的企业家，也不应该是简单意义上组织的创造者。综合企业家理论对不同企业家角色的抽象，基于学者对企业家的研究和定义，从中国的实践经验出发，提出了定义企业家的四方面标准：企业家是创造了新的组织，能够集聚和配置资源，承担风险，实现了某些创新的那部分人。

本书的一个重点是对企业家集聚进行了深入的剖析，并将企业家集聚与产业集聚等相关概念进行了对比。企业家的集聚是指企业家在特定空间尺度内的临近，表现了企业家活动无法脱离的区域属性。这个概念一方面揭示了企业家本身具有很强的区域属性；另一方面在对比企业家集聚和产业集聚的过程中，提出产业集聚从某种意义上说就是企业家的集聚。除此之外，企业家集聚本身还有宏观层面的意义。在经济增长理论中，企业家从微观个体，被加总、抽象为某个区域的经济增长要素。

基于集聚理论和知识溢出理论，本书梳理了企业家集聚对区域创新影响分析的理论框架。企业家集聚对区域创新的影响，包括直接影响和间接影响，直接影响是指企业家本身作为知识溢出的途径，直接促进了从知识到创新的转化。这个过程本身存在集聚效应。企业家在创新过程中，基于企业经营或非企业经营、发自个人主观意愿与非主观意愿产生的影响为间接影响。企业家集聚实现间接影响的途径包括主动的分享与协作，也包括非主动的示范效应和竞争效应。其中，竞争效应对企业家集聚创新具有负面的影响。

企业家集聚对区域创新的影响不仅体现在所在区域内，还体现在对其关联区域创新的影响上。企业家对所在区域的影响不仅体现为直接影响，更包括间接影响。区域间的关系越强，影响越大；区域间关联越弱，影响越小。

除此之外，本书从创新函数入手，重点分析企业家集聚是如何对人才和资源产生影响，进而促进区域创新产出的。企业家的创新是以信用创造为前提的，金融市场的发展对企业家的创新有重要的促进作用。本书重点分析了以风险投资为代表的金融系统如何支持企业家的区域创新。一方面，企业家将风险投资作为创新的物质基础；另一方面，风险投资降低了企业家创新的风险，并通过一系列的管理经验和知识输出，促进了企业家的创新行为。企业家的集聚对于降低风险投资的搜寻成本有重要意义。类似的，人才也是企业家实现创新的重要机制。人才作为知识的拥有者，与企业家结合，通过企业家激励实现了从知识到创新的转化。企业家集聚对于人才的定价、降低人才市场的摩擦有着重要的意义。

9.1.3 实证分析结论

通过2012—2017年企业家工商登记信息，本书对我国286个地级市企业家的集聚情况进行了分析。我国不同城市的企业家集聚水平差异巨大。当前，我国企业家主要集聚于北京、长三角地区、珠三角地区、武汉、成都、山东半岛等重要的城市和城市群。

基于对我国286个城市测算企业家集聚的区位熵，在地级市空间邻接矩阵下，论证了城市内企业家集聚对创新的显著正向影响。在控制城市经济发展水平、教育投入、科研投入和基础设施，影响区域创新产出主要变量的前提下，企业家集聚水平每提升1个单位，以专利衡量的区域创新产出会提升5个百分点。除此之外，企业家集聚对所在城市创新水平的影响突破了企业的组织边界。实证研究发现，即便扣除企业家所在企业的专利数量，企业家的集聚对所在城市的其他创新依然有显著的正向影响。考虑到我国不同地理区域内的巨大差异，本书还基于东部、中部、西部及南方、北方进行了异质性分析。结果显示，城市内企业家集聚对于创新的影响仅在东部和中部地区发挥作用，西部地区企业家集聚对于城市创新的影响并不显著。从南北方看，南方城市的企业家集聚对城市内区域创新的正向影响不显著，而北方的企业家对城市内创新的影响存在显著效益。

企业家集聚对所在城市 i 及接邻城市 j 的影响分析结果如表9-1所示。

表9-1 各要素对区域创新影响结果汇总

因变量	实证结果	企业家集聚	教育投入	基础设施	科研投入	GDP
城市 i 的创新	影响方向	正向影响	正向影响	正向影响	正向影响	正向影响
	统计学意义	显著	显著	显著	显著	显著
接邻城市 j 的创新	影响方向	正向影响	正向影响	影响不显著	影响	负向影响
	统计学意义	显著	显著	显著	不显著	显著

从人力资本的视角看，企业家或许并不是新知识的创造者，但确实能够识别市场机会。基于此，企业家进一步发挥自身"集聚和配置资源"的角色特性，进而促进创新。从各种资源看，资金和人才是企业家集聚的资源中最为重要的。实证分析进一步证实，风险投资和人才是企业家集聚对所在区域创新产生影响的重要机制。对照组实验显示，风险投资活跃度较高的城市，企业家集聚水平对区域创新的回归系数是风险投资活跃度较低城市的6倍以上；人才较多的城市，企业家集聚对区域的整体创新存在显著的正向影响，其影响系数比人才较少的城市高出32%。要想进一步发挥企业家集聚对区域创新的重要作用，需要进一步促进企业家才能、风险资金与人才的高效匹配机制。

实证分析进一步显示，企业家群体本身的异质性使得其集聚对区域内创新产生了不同程度的影响。实证分析显示，并非"大企业"的企业家集聚最能够促进区域内创新水平的提升；相反，当企业的注册资本超过

1 000万元人民币，这种类型的企业家集聚对区域创新影响的回归系数最小。当企业家掌握适中的资源时，企业家集聚对区域创新的正向影响系数最大。这可能是由于这种类型的企业家在区域内与其他经济要素的交流与联系最为紧密；这类企业本身也可能处在自身发展的"快车道"上，因此对所在区域整体的溢出效应最大。从不同的行业来看，对标我国行业分类标准，我国制造业（C）、批发和零售业（F）、交通运输、仓储和邮政业（G）、信息传输、软件和信息技术服务业（I）、金融业（J）、租赁和商业服务业（L）、教育（P）、文化、体育和娱乐业（R）等八大行业的企业家集聚对区域创新有显著的正向影响，其影响系数在0.04~0.1不等，说明这些行业内的企业家集聚水平每提高1个单位，所在区域的创新水平将提高4%~10%。相较之下，其他行业内企业家的集聚对所在区域创新未能产生显著影响。

企业家集聚对区域创新的影响存在空间溢出效应。企业家集聚对与其所在城市具有一定空间关联（如空间邻接关系、地理距离接近等）城市的创新水平同样有着正向显著的影响。与区域内影响创新的因素不同，一个城市的经济越发达，对其空间相关城市创新的负向作用越显著。与整体经济发展对关联城市区域创新的虹吸效应相比，城市内教育投入对其空间相关城市的创新则有着正向显著的作用。这从一个侧面说明区域内创新的相关性主要是通过人才和企业家这些可自由流动的要素实现的。

本书同样考虑了我国不同地理区域内，企业家空间溢出效应的差距。实证结果显示，城市i企业家的集聚对于邻接城市j的正向溢出效应仅限于东部地区，其显著性远高于全国平均水平，是整体平均的5倍以上；同样，南方地区企业家集聚对接邻城市的影响系数较北方地区高出42%。各城市经济发展水平对接邻城市的虹吸效应在东部地区表现得最为显著，排在其后的是中部和南部地区，回归系数为-0.5左右，即城市i的GDP每提高1个单位，其邻接城市的创新水平将下降5%。分不同地理区域实证分析的结果还显示了在市场机制发展相对落后的地区，如中部、西部，教育投入对创新的影响并不显著，说明其并未像东部地区那样建立起有效的转化机制。

不同的空间关联下，企业家集聚对创新的影响程度不同。地理距离对企业家集聚空间效应的负面影响最大，考虑城市间的地理距离时，企业家集聚的空间溢出效应会被弱化。这与知识溢出的程度与地理距离呈负向相关的研究结论相一致。相应的，在经济关联紧密的城市之间，某一城市的企业家集聚水平提升对与之有经济关联的城市创新的正向溢出效应最大。这一结论进一步说明，城市间的经济关联，将进一步促进企业家集聚产生正向的空间溢出效应。

城市群为我们审视企业家集聚的空间溢出效应提供了更为实用的视角。选择较有代表性的六大城市群，对六大城市群内，企业家集聚对区域创新的空间溢出效应进行了实证分析。分析结果显示，我国所有城市群中，长三角城市群内各城市间企业家集聚对城市群内其他关联城市创新的空间溢出效应最强，珠三角和京津冀地区次之。在这些区域内，企业家集聚水平每提升1个单位，区域内相关城市创新水平能够提升17%～27%，反映了成熟城市群内，城市之间已经形成紧密的经济关联与协同效应。与此同时，其他城市群却并未形成城市群内企业家集聚带来的显著正向效应。这与城市群的发展阶段相关，也启示我们从企业家集聚关联的视角，进一步加强区域内、城市之间的经济往来。

9.1.4 研究的不足之处和拓展方向

相较于企业层面的产业集聚研究，企业家集聚是一个更加值得探究的方向，企业家的集聚是集聚经济未来研究的一个前沿方向。本书在对已有研究梳理的基础上，从理论上说明了企业家集聚是产业集聚的开端。在对企业家集聚的内涵进行挖掘的基础上，构建了从所有企业到企业家的企业，再进一步根据企业的主要人员和其岗位，从现实可获得的数据中筛选出理论意义上的企业家的过程。本书的实证部分从我国当前最重要的经济实践出发，对企业家集聚对区域创新的影响进行了分析。在对这些内容的研究和探索过程中，发现几个方面的问题值得进一步拓展研究。

（1）基于对不同类型的企业家集聚，进一步深入研究企业家集聚对区域创新的影响机制。基于筛选的108万企业家实际办公地理位置信息，研究了各城市企业家集聚的状况，但受制于样本企业家群体相关数据的可获取性，无法进一步深入研究我国不同类型企业家集聚的情况。横向看，外资背景的企业家是否偏好集聚于沿海地区，具有科学、技术、工程和数学专业背景的企业家是否集聚于高等院校附近；纵向看，企业家群体的迁移是否对当地的创新产生影响等。基于这些数据，能够对这一问题产生更加深入的认识。此外，企业家群体在创业的过程中是知识溢出的重要载体，因此，企业家过往的工作经历（是否在国有企业任职、教育背景、是否在外资企业工作等）、企业家与其他大企业家之间的关系网络等，这些信息都是进一步验证企业家集聚对当地创新影响的重要视角。企业家集聚是一个新的概念，从已掌握的文献看，已经出现了组织意义上的对企业家精神、区域企业家的研究，未来，如何用经济研究的科学范式，聚焦企业家群体，发挥不同企业家群体的特质，是这个领域研究的重要发展方向。对这个问题的进一步研究，反过来将加深我们在区域创新的语境下对企业家的理解。其现实意义在于，企业家在一定程度上是可以被塑造和培养的，作为经济中愈发重要的要素，进一步理解什么类型、什么样经历的企业家在区域创新中能够发挥作用，能够更有效地配置资源。

（2）不同类型的区域之间，企业家集聚空间溢出效应的实现机制。研究显示，企业家集聚对所在城市的创新具有正向显著的影响，对于所在城市的其他主体的创新，同样具有显著影响。在企业家所在城市内，企业家集聚主要是通过整合风险投资和区域内的人才两大重要资源对区域创新施加影响的。本书通过构造不同空间权重矩阵，探索了企业家集聚在不同空间关联下对区域创新影响的差异。然而，空间权重矩阵仅代表了不同的空间关联关系，企业家集聚的正向空间溢出效应是如何在不同城市之间发挥具体作用的，值得我们进一步研究。城市群之间的产业合作、贸易关联以及人才流动，都是产生知识溢出的渠道。进一步了解城市之间的作用机制，对于当前在城市群发展的语境下，如何使得城市群内不同城市之间相互促进,具有重要意义。

(3) 对企业家集聚成因和影响企业家集聚因素的研究与分析。本书分析了我国 286 个地级市的企业家集聚情况,但受制于篇幅和研究的主题方向,并未对城市内哪些因素影响了企业家的集聚进行分析和研究。尽管已有一些研究对影响企业家的分布进行了一些探索,但这些研究主要是在市场的框架下展开的,对于企业家集聚形成的非市场因素的研究还比较有限。特别的,从经济发展史的角度看,必须注意到,我国历史上形成了诸多商帮。这些商帮文化是如何延续下来的,对今天的经济活动有怎样的影响,又如何将这些因素纳入经济学的框架下去研究,是一个非常值得深入探讨和分析的研究主题。横向看,本书注意到我国企业家集聚于我国各大主要城市群,这对我们的启示是,进一步探究企业家集聚与城市群的关系。这种关系不仅体现在静态过程中,动态来看,我国企业家集聚是否与城市群的发展相同步,企业家集聚与城市群的建设是否存在时空分异。在城市群建设中回答这些问题,对于如何更好地制定城市群发展政策、配置资源有着重要的现实意义。

(4) 在产业竞合关系中,研究企业家集聚的内部,企业家之间的关系,对企业家之间的竞合关系以及一系列可能的模式及其影响进行分析。本书聚焦于企业家集聚与区域创新,并分析了同一区域内,不同行业企业家的集聚对所在区域创新的影响。研究得出的结论是,在部分行业内,企业家的集聚对所在城市的创新并没有显著的正向影响。然而,为什么在一部分行业内企业家的集聚能够产生影响,而另一部分行业的企业家集聚无法产生正面影响?当前对企业家集聚的研究还未在特定行业中展开。回答这些问题的出发点是基于该行业的特性,探究不同的行业特性对企业家发挥其创新才能的影响。在城市语境下,值得思考的问题为:是该城市的环境抑制了该产业内企业家集聚对区域创新的正向影响,还是行业本身的特性所导致的?将区域问题与产业问题相融合,也是未来研究的重要方向之一。

9.2 政策建议

在以企业家为视角的研究中,已有研究关注到企业家的集聚问题。首先来自一些国际经济组织注意到集聚对于公司绩效、区域经济发展,以及国家整体竞争力的影响,因此将集聚,特别是企业家的集聚作为区域经济发展的重要政策工具(Enright and Williams,2001)。

在提出具体的政策建议前,首先对国内外具有代表性的针对企业家集聚与区域创新的政策进行了梳理。在梳理这些政策的过程中,提出了基于企业家集聚的政策框架和政策建议。

9.2.1 国内外企业家与区域创新相关政策梳理

本书梳理了国内外企业家集聚及创新水平较高的城市近年来具有代表性的政策,如表9-2所示。

表9-2 2015—2019年国内外各大城市支持企业家发展与鼓励创新政策梳理

城市	时间	发布单位	政策文件名称	主要政策措施
北京	2015-10	北京市人民政府京政发〔2015〕49号	《北京市人民政府关于大力推进大众创业万众创新的实施意见》	①构建创业服务体系,包括人才服务、金融服务、公共平台服务及知识产权服务;②着力培育创新创业发展形态;③优化空间布局,推进众创空间集约发展;④不断完善创新创业保障机制
	2018-03	北京市人力资源和社会保障局	《北京市引进人才管理办法(试行)》	支持优秀创新创业团队引进人才
	2019-07	《中共北京市委、北京市人民政府公报》2019年第32期(总第620期)	《北京市大力营造企业家创新创业环境充分激发和弘扬优秀企业家精神若干措施》	①企业家发展环境营造:营造更加有利于企业家安心发展的法治环境,有利于企业家公平竞争的市场环境,有利于企业家创新创业的政务服务环境,更加有利于企业家宜居宜业的城市服务环境等;②机制完善:完善更加有利于企业家与科学家联合创新的激励机制,完善更加有利于政企良性互动的联系机制等

续表

城市	时间	发布单位	政策文件名称	主要政策措施
上海	2017-02	上海市人民政府办公厅沪府办发〔2017〕15号	《上海市工业互联网创新发展应用三年行动计划（2017—2019年）》	以电子信息、装备制造与汽车、生物医药、航空航天、钢铁化工、都市产业等六大产业为核心，建设服务平台，培养创新人才
上海	2018-07	上海市人民政府办公厅沪府办发〔2018〕24号	《上海市鼓励创业带动就业专项行动计划（2018—2022年）》	加强创业能力培养，提升创办企业的便利化程度，拓展多层次的创业融资渠道，实施更加普惠的创业带动就业政策，激励各类人才创新创业，营造开放包容的创新创业文化氛围等
上海	2018-06	上海市委组织部沪团联委〔2018〕21号	《关于实施"千帆行动"上海市青年企业家培养计划的意见》	以培育和提升青年企业家战略规划能力、协同创新能力、团队管理能力、全球拓展能力为出发点，建立上海市青年企业家英才库[①]
深圳	2016-09	深圳市人民政府深府〔2016〕61号	《深圳市人民政府关于大力推进大众创业万众创新的实施意见》	①优化针对民营企业和中小企业的财税政策，强化对企业家创业的扶持；②加强创新金融服务，实现产融互动；③发展创业服务，构建创业创新服务生态
深圳	2019-11	深圳市第六届人民代表大会第三十六次会议	设11月1日为"深圳企业家日"	①从舆论角度树立企业家榜样，加强对优秀企业家先进事迹和突出贡献的宣传报道，在全社会弘扬优秀企业家精神；②切实为企业家服务，优化营商环境，从企业家的需求出发，切实采取减税降费等措施，支持和促进企业家经济和创新发展[②]
南京	2016-04	中共南京市委组织部、市政府	《关于"创业南京"人才计划的实施意见》	包括科技顶尖专家集聚计划，高层次创业人才引进计划，青年大学生创业引领计划，以及创新型企业家培育计划在内的多层次培养计划

169

续表

城市	时间	发布单位	政策文件名称	主要政策措施
旧金山	常设机构	中小企业办公室	见 https://oewd.org/resources-businesses	①设立服务窗口，为企业家提供具体帮扶服务：通过设立专门的创业帮扶机构，针对企业家提供税收减免、无偿法律顾问以及早期技术支持服务；②促进高新技术产业集聚，特别针对高新技术产业企业家提出额外优惠政策
纽约	2017-06	纽约市经济发展办公室	《促进和吸引国际投资者的有关建议》	对境外企业家进一步放宽签证要求以提升区域内企业家的供给

资料来源：经济日报．北京出台实施意见 打造创新创业核心区［ED/OL］．http：//finance.jrj.com.cn/2015/10/ 26133119981147. shtml. 2019-12-20.

①陆梓华．2023年前上海将建立由千人组成的青年企业家英才库［EB/OL］．http：//newsxmwb.xinm. 2019-12-17.

②王华兵．11月1日确定为深圳企业家日［EB/OL］．http：//dwq.comnews.cn/article/xw/201911/20191100022443. shtml. 2019-12-15.

从整体看，企业家逐渐成为各城市创新政策的政策作用主体。随着大众创业、万众创新战略的推出，以及民营企业家在国民经济发展中地位的认可，各地均以企业家作为政策主体，制定了相关政策。以上海市为例，上海市人民政府2016年在《上海市人才发展"十三五"规划》中，首次提出实施企业经营管理人才素质提升工程，并将加强人才创新创业服务体系建设，大力发展众创空间等措施作为优化人才发展环境的主要措施，凸显了对企业家人才的重视。

然而，从各城市的政策中可以发现，各地对于企业家的理解有所不同，各地企业家政策的目的和出发点有所不同。其中，上海针对企业家创业政策的出发点是希望通过促进企业家的形成，解决当地的就业问题，因此提出的政策和措施具有更大的普适性和多元性。这一思路和洛杉矶、伦敦等城市的思路一致，聚焦于中小企业企业家的培育，提供税收、启动资金等更加具体、直接的帮扶措施。相较而言，深圳更加注重城市企业家文化和氛围的打造。通过发挥特区城市行政级别的优势，为企业家，特别是民营企业家，在政策上保驾护航。

企业家政策和产业政策的割裂是在对各城市出台的相关政策进行梳理时发现的一个重要特点。具体而言，各城市所制定的重点产业政策中，并未涉及企业家人才的培育和发展，在产业集聚政策的制定过程中，缺乏对相关企业家集聚的吸引和激励。产业集聚仅停留在促进企业的形成，而忽略了企业形成过程中企业家集聚的形成。在对企业家的吸引政策中，并未考虑到不同行业企业家的不同需求。已有政策主要聚焦于科学家、高校科研人员、海归等相关微观主体上，事实上，还应该注重不同行业内企业家的差异，考虑行业特征，制定更加具有针对性的政策。受制于城市政策制定者的角色，相关政策并未能充分考虑不同城市、不同区域间的协同与创新。事实上，北京、上海、深圳等城市在我国各大城市群的建设和发展中起着重要作用，通过促进周边城市的发展，基于城市间的分工与合作，也能进一步促进自身的发展。因此，在这些城市制定相关政策时，应该充分考虑其在城市群内发挥的重要作用，促进该城市企业家对创新的正向空间溢出效应的发挥。

9.2.2 几点政策建议

9.2.2.1 企业家和企业家集聚是制定创新政策的新视角

创新一直被作为引领我国未来经济发展的核心，是经济工作的重中之重。纵观我国创新政策发展历程，我国创新政策的制定体现了三方面的转变：第一，政策的作用对象经历了从"产业"到"企业"的过程，从以扶持创新产业为工作重点，到更加关注企业在创新过程中发挥的主体作用。第二，创新政策的着力点从关注创新的物质投入，到进一步解绑创新的制度束缚，重视创新文化和氛围的培育。第三，创新是多个环节、多方参与的结果，因此创新政策不断与其他重大发展战略相结合。这些转变与我国创新形势的发展和对创新规律的深入认识密不可分。随着我国市场化改革的不断深入，创新不再是被束之高阁的科研成果，更需要积极的市场反馈。人们越来越意识到，企业作为市场的微观主体，是整合资源、实现创新产出的核心力量。创新产出需要一定的物质基础，但归根结底，创新源于新的想法与认识，而新的想法和认识与人密不可分。因此，创新政策越来越重视发挥非物质因素在创新过程中的重要作用。

企业是企业家的企业，在创新语境下，企业家的决策对企业的创新产出有着重要的影响。理论和实证结果显示，区域内企业家的集聚对于所在区域内及相关区域的创新产出均有显著的正向影响。企业家和企业家的集聚是制定创新政策的新视角。这与创新政策不断注重微观机制、点面结合的发展方向是一脉相承的。在此基础上，要真正从创新型企业家入手，作为政策的出发点。创新政策既要抓产业，也要抓企业，更要重视调动企业家的创新积极性。只有充分调动企业家的积极性，才能进一步促进企业的创新产出，进而带动创新产业的发展。可以说，企业家是创新政策真正落地的核心所在，在今后的创新和产业政策制定过程中，要将政策进一步落实到企业家层面。

9.2.2.2 关注区域内企业家供给

关注区域内企业家供给，通过改善区域营商环境，进一步提升区域内企业家集聚水平，促进区域创新水平提高。企业家集聚对区域创新的重要影响，启示我们以区域内的企业家为抓手促进区域创新水平的提高，要求政策制定部门关注区域内企业家的供给这个本质问题。理论上，区域内企业家的供给有两大来源：一方面是区域内原有劳动力通过自主创业成为企业家；另一方面来自外部迁移。基于对我国2012—2017年企业家分布情况的分析，我国企业家的集聚具有空间黏性，样本时间段内，并未出现各区域间企业家的迁移。这和学者们的研究结果相吻合：企业家偏好于在其原有的社会网络基础上进行商业活动。因此，要提升区域内企业家的集聚水平，应该以培育区域内企业家为工作重点。此外，必须意识到，企业家集聚不仅是单纯企业家数量的提升，更要注重企业家的空间布局。不同的空间关联下，企业家集聚对创新的正向影响不同，因此在提升区域内企业家供给的同时，更要将空间因素考虑其中，通过提升企业家的集聚程度，促进区域创新水平的提升。

企业家涌现有自然的市场性规律，但政策制定者可以通过改善区域营商环境,帮助扫清区域内企业家涌现的壁垒,确保企业家的合法权益,创造良好的营商环境和尊重企业家的积极正面的商业文化氛围。一方面,政府机构和有关部门应该进一步简政放权,降低成为企业家的门槛,通过减少交易成本,促进企业家的孵化和涌现。作为知识溢出的重要载体之一,企业家能够更加自由地进入与退出市场,将促进创新产出。另一方面,理论研究显示,成为企业家是最大化个人受益的职业选择的结果,因此,在实际的政策制定过程中,要从正面肯定和保护企业家的价值创造,要从各方面切实保障企业家的权益,通过确立明晰的产权制度,保证企业家激励制度的顺畅运行。

相较于产业政策,关注企业家供给更大的现实意义还在于,企业家不受区域自然区位因素限制,是可以通过教育积累的一种人力资本存在。通过企业家的供给促进区域创新水平的提升,进而为区域长远的经济发展提供不竭动力。这为受制于区位条件、经济发展落后的城市提供了新的发展思路。关注企业家的供给,除了降低企业家交易成本、确保高效的企业家激励制度,应该注重区域内企业家精神的培育、企业家能力的培养与企业家视野的拓宽,为区域内长久的创新和发展提供源源不竭的动力。

9.2.2.3 构建有效的投融资市场与人才对接机制

构建有效的投融资市场与人才对接机制,促进企业家集聚对创新影响的进一步发挥。本书分析并证实了风险投资和人才是企业家集聚得以促进创新产出的两大重要机制。从研究数据看,我国风险投资的集聚和企业家的集聚并不存在空间上的匹配关系。从理论角度看,风险投资是与企业家创新风险、收益共担的金融产品,通过构建有效的一级市场,能够有效促进当地企业家的创新行为,进而提升区域创新水平。样本中风险投资市场较不发达的城市可以从这个角度出发,为企业家创新引入积极的驱动要素。

本书证实了人才是企业家集聚得以实现创新的重要机制。在创新的语境下,一方面,企业家通过激励人才确保创新的产出;另一方面,人才与企业家才能的结合，使得创新成果最终实现市场转化。因此，政策制定者若想要发挥区域内企业家集聚对创新的影响，就要建立有效的劳动力市场，减少区域内企业家与人才集聚的摩擦。区域创新政策的制定者要关注人才的另一个重要原因在于，揭示了区域内教育投入与创新的正向显著关系，而教育正是培养人才的重要途径。作为创新和产业政策的制定者，在关注当前劳动力市场有效性的同时，更要关注未来的劳动力结构，通过有效的教育投入影响未来的劳动力市场。

9.2.2.4 准确把握和科学引导企业家集聚

准确把握和科学引导不同类型企业家的集聚，有效地发挥企业家集聚对区域创新的影响。本书揭示了城市内大企业的企业家集聚与小企业的企业家集聚，以及不同行业的企业家集聚对区域创新所产生的不同影响。创新政策和产业政策的制定者要准确把握异质性企业家群体集聚对区域创新的影响，从而更加有效地发挥企业家集聚对所在区域创新的影响。各地政府原有的政策出发点倾向于吸引大企业，认为大企业能够帮助解决当地就业问题。但近年来，一个不争的事实是，许多地区由于中小企业的诞生和发展获得了成功。正如本书所揭示的，在提升区域创新的目标引导下，拥有掌握适度资源的企业家集聚更有助于区域创新的提升。对于那些受制于资源有限、无法充分试错的企业家来说，政府机构可以通过税收补助、专项创新资金扶持等方式，鼓励企业家的创新行为；对于掌握了丰富资源却无法专注于创新的企业家，政府可以通过行政奖励的方式适当引导，并通过进一步完善区域内的知识产权保护制度，保护企业家创新的勇气。

本书研究结果显示，整体上企业家集聚对所在区域的创新有正向的影响，但这样的影响仅局限于部分行业。这些具有正向影响的行业的共同特征是，本身的行业关联性更强，通过这样的关联，使得企业家集聚对所在区域创新的正向显著影响得以发挥。一方面，创新政策的制定者要促进跨行业的创新要素和主体之间的交流，搭建要素交流的平台和生产机制，鼓励不同行业的企业家打破行业的边界，促进跨界创新的产出；另一方面，对于企业家集聚无法对区域创新发挥正向影响的行业，应该继续推进和深化改革，通过引进行业技术、支持行业内兼并重组等手段，进一步解除束缚发挥企业家集聚正向效应的壁垒。对于所在区域而言，应该审慎思考，这些行业对所在区域创新的作用，从产业升级的角度，思考产业整体的进一步更迭。从本书研究的视角出发，通过对企业家的培训，发挥企业家的集聚效应，同样是促进产业升级的不可或缺的重要手段。

9.2.2.5　通过企业家的集聚促进城市群内创新的空间溢出效应

本书揭示了企业家集聚正向显著的空间溢出作用。在对已有政策的梳理和回顾中发现，还鲜有从城市间的空间溢出效应出发制定创新政策的。然而，随着一定范围内城市间联系的日益紧密，创新和产业政策同样可以从经济要素的空间溢出效应出发，思考如何促进企业家形成集聚，进而通过发挥企业家集聚对区域创新的正向溢出作用，形成更大范围内、更强的创新势能。与企业家集聚的正向空间溢出效应形成鲜明对比的是，各城市经济发展水平对关联城市的区域创新存在显著的负向影响。其他经济要素，如区域内的科研投入与基础设施等，目前还难以形成区域间的空间溢出效应。不同性质的经济要素之间对创新空间溢出效应的差异启示我们，要想进一步缩小城市间创新水平的差异，要进一步加大对企业家的扶持和对人才的培育。不同要素之间对其他区域创新空间溢出效应的差异进一步说明，城市间创新的空间关联性是通过人实现的，因此要进一步降低城市间企业家和人才自由移动的壁垒，从而缓解经济发展水平差异造成的对区域间创新的虹吸效应。

一个城市的创新和产业发展政策不应该仅着眼于城市内部，要考虑所在城市群和临近城市之间的区域关联。特别是对于城市群中具有示范性效应和带头效应的城市而言，在制定相关政策时，应该搭建跨城市交流与合作的平台及经贸网络，促进城市间企业家的交流，发挥区域间的相互带动作用，促进城市群在分工与合作中迈向新的创新阶段。

参考文献

［1］白俊红，蒋伏心．协同创新、空间关联与区域创新绩效［J］．经济研究，2015，50（7）：174-187.

［2］白少君，崔萌筱，耿紫珍．创新与企业家精神研究文献综述［J］．科技进步与对策，2014，31（23）：178-182.

［3］陈健，高太山，柳卸林，等．创新生态系统：概念、理论基础与治理［J］．科技进步与对策，2016，33（17）：153-160.

［4］陈得文，苗建军．人力资本集聚、空间溢出与区域经济增长：基于空间过滤模型分析［J］．产业经济研究，2012（4）：54-62，88.

［5］陈传明，孙俊华．企业家人口背景特征与多元化战略选择［J］．管理世界，2008（5）：124-133.

［6］陈刚．管制与创业：来自中国的微观证据［J］．管理世界，2015（5）：89-99.

［7］崔毅，陈悦林，张晨．风险投资区域集聚支持环境综合评价及差异分析［J］．科技管理研究，2011，31（2）：70-73.

［8］德鲁克．创新与企业家精神［M］．北京：机械工业出版社，2007.

［9］傅家骥．工业技术经济学［M］．北京：清华大学出版社，1996.

［10］范剑勇．产业集聚与地区间劳动生产率差异［J］．经济研究，2006（11）：72-81.

［11］范剑勇，冯猛，李方文．产业集聚与企业全要素生产率［J］．世界经济，2014，37（5）：51-73.

［12］官建成，刘顺忠．区域创新系统测度的研究框架和内容［J］．

中国科技论坛，2003（2）：24-26.

[13] 郭将，许泽庆. 工业多样化集聚空间溢出与区域创新效率：基于空间杜宾模型的实证分析［J］. 软科学，2019，33（11）：120-124，137.

[14] 何炼成，白永秀. 论中国企业家的地位及其培育对策［J］. 南开管理评论，1999（4）：23-26.

[15] 何韧，王维诚，王军. 管理者背景与企业绩效：基于中国经验的实证研究［J］. 财贸研究，2010，21（1）：109-118.

[16] 贺小刚，沈瑜. 创业型企业的成长：基于企业家团队资本的实证研究［J］. 管理世界，2008（1）：82-95+114.

[17] 贺小刚，李新春. 企业家能力与企业成长：基于中国经验的实证研究［J］. 经济研究，2005（10）：101-111.

[18] 黄鲁成. 关于区域创新系统研究内容的探讨［J］. 科研管理，2000，21（2）：43-48.

[19] 蒋春燕. 高管团队要素对公司企业家精神的影响机制研究：基于长三角民营中小高科技企业的实证分析［J］. 南开管理评论，2011（3）：72-84.

[20] 经济日报. 北京出台实施意见 打造创新创业核心区［ED/OL］. http：//finance.jrj.com.cn/2015/10/26133119981147.shtml.2019-12-20.

[21] 黎杰生，胡颖. 金融集聚对技术创新的影响：来自中国省级层面的证据［J］. 金融论坛，2017（7）：39-52.

[22] 李林，丁艺，刘志华. 金融集聚对区域经济增长溢出作用的空间计量分析［J］. 金融研究，2011（5）：113-123.

[23] 李胜兰. 集群的社会关系性嵌入依赖与集群锁定研究［J］. 暨南学报（哲学社会科学版），2007，29（5）：13-18.

[24] 李婧，谭清美，白俊红. 中国区域创新生产的空间计量分析：基于静态与动态空间面板模型的实证研究［J］. 管理世界，2010（7）：43-55，65.

[25] 李小平, 李小克. 企业家创业促进了企业创新吗: 基于省级工业企业所有权异质性的分析 [J]. 贵州财经大学学报, 2017 (2): 63-74.

[26] 梁琦. 中国制造业分工, 地方专业化及其国际比较 [J]. 世界经济, 2004, 27 (12): 32-40.

[27] 林毅夫, 巫和懋, 邢亦青. "潮涌现象"与产能过剩的形成机制 [J]. 经济研究, 2010, 10 (4): 19.

[28] 刘亮. 区域创新, 创业与经济增长 [M]. 上海: 复旦大学出版社, 2012.

[29] 刘鹏程, 李磊, 王小洁. 企业家精神的性别差异 [J]. 管理世界, 2013 (8).

[30] 刘曙光. 新时期我国区域经济地理学发展问题初探 [J]. 地域研究与开发, 2002, 21 (2): 1-4.

[31] 刘修岩, 王璐. 集聚经济与企业创新: 基于中国制造业企业面板数据的实证研究 [J]. 产业经济评论 (山东), 2013 (3): 35-53.

[32] 刘修岩. 空间效率与区域平衡: 对中国省级层面集聚效应的检验 [J]. 世界经济, 2014 (1): 55-80.

[33] 柳卸林. 2004—2005年中国区域创新能力分析报告 [J]. 科学学与科学技术管理, 2005, 26 (12): 5-14.

[34] 柳卸林, 高雨辰, 丁雪辰. 寻找创新驱动发展的新理论思维: 基于新熊彼特增长理论的思考 [J]. 管理世界, 2017 (12): 8-19.

[35] 马红红, 崔毅, 赵韵琪. 中国风险投资的区域聚集现象研究 [J]. 特区经济, 2009 (6): 258-259.

[36] 马歇尔. 经济学原理 [M]. 北京: 商务印书馆, 1964: 300-340.

[37] 毛金祥. 经济集聚对区域创新的影响研究 [D]. 上海: 上海社会科学院, 2019.

[38] 齐亚伟, 陶长琪. 环境约束下要素集聚对区域创新能力的影响: 基于 GWR 模型的实证分析 [J]. 科研管理, 2014, 35 (9): 17-24.

[39] 邵朝对, 苏丹妮. 全球价值链生产率效应的空间溢出 [J]. 中

国工业经济,2017(4):94-114.

[40]邵帅,李欣,曹建华,等.中国雾霾污染治理的经济政策选择:基于空间溢出效应的视角[J].经济研究,2016,51(9):73-88.

[41]万成博.日本企业领袖[M].北京:中国人民大学出版社,1990.

[42]汪明峰,魏也华,邱娟.中国风险投资活动的空间集聚与城市网络[J].财经研究,2014(4):117-131.

[43]王程,席酉民.企业家对产业集群演化发展的作用分析[J].西北大学学报(哲学社会科学版),2006,36(2):36-40.

[44]王缉慈,宋向辉,李光宇.北京中关村高新技术企业的集聚与扩散[J].地理学报,1996,63(6):481-488.

[45]王谦,王迎春.风险投资的区域集聚与投资的地理亲近性研究:基于英、德两国风险投资的分析[J].对外经济贸易大学学报(国际商务版),2005(4):67-71.

[46]王仁祥,白旻.金融集聚能够提升科技创新效率么?:来自中国的经验证据[J].经济问题探索,2017(1):139-148.

[47]王玉霞,王妍文.区域创新与东北经济发展问题探究:从企业家视角出发[J].产业组织评论,2018,12(2):112-131.

[48]魏后凯.对产业集群与竞争力关系的考察[J].经济管理,2003,6(4).

[49]吴三忙,李善同.专业化,多样化与产业增长关系:基于中国省级制造业面板数据的实证研究[J].数量经济技术经济研究,2011,28(8):21-34.

[50]吴晓波.激荡三十年:中国企业1978—2008[M].杭州:浙江人民出版社,2007.

[51]肖刚,杜德斌,戴其文.中国区域创新差异的时空格局演变[J].科研管理,2016,37(5):42-50.

[52]余泳泽,宣烨,沈扬扬.金融集聚对工业效率提升的空间外溢

效应[J]. 世界经济, 2013（2）：93-116.

[53] 余泳泽, 刘大勇. 我国区域创新效率的空间外溢效应与价值链外溢效应：创新价值链视角下的多维空间面板模型研究[J]. 管理世界, 2013（7）：6-20, 70, 187.

[54] 杨宇, 郑垂勇. 企业家精神和区域经济增长的典型相关分析[J]. 工业技术经济, 2007（3）：114-116.

[55] 杨瑞龙. 企业理论：现代观点[M]. 北京：中国人民大学出版社, 2005：17-19.

[56] 张根明, 陈才. 企业家能力对企业竞争优势的影响研究[J]. 中国软科学, 2010（10）：164-171.

[57] 张丽华, 林善浪, 汪达钦. 我国技术创新活动的集聚效应分析[J]. 数量经济技术经济研究, 2011, 28（1）：3-18.

[58] 张晖明, 张亮亮. "软实力"的经济效应分析[J]. 复旦学报（社会科学版）, 2008（4）：82-89.

[59] 张亮亮. 企业家资本与经济增长：理论分析与实证检验[D]. 上海：复旦大学, 2010.

[60] 张剑, 柳小妮, 谭忠厚, 等. 基于GIS的中国南北地理气候分界带模拟[J]. 兰州大学学报（自然科学版）, 2012, 48（3）：28-33.

[61] 张玄, 冉光和, 陈科. 金融集聚对区域民营经济生产率的空间效应研究：基于空间面板杜宾模型的实证[J]. 管理评论, 2019, 31（10）：72-84.

[62] 张维迎. 企业理论与中国企业改革[M]. 上海：上海人民出版社, 2015.

[63] 张维迎. 企业的企业家：契约理论[M]. 上海：上海人民出版社, 1995.

[64] 张晓波, 李钰, 杨奇明. 工商大数据与中国"创新驱动发展"战略[J]. 中国工商管理研究, 2015（6）：34-37.

[65] 张小蒂, 曾可昕. 基于产业链治理的集群外部经济增进研究：

以浙江绍兴纺织集群为例［J］．中国工业经济，2012（10）：148-160.

［66］张小蒂，王永齐．企业家显现与产业集聚：金融市场的联结效应［J］．中国工业经济，2010（5）：59-67.

［67］张小蒂，姚瑶．民营企业家潜能拓展与区域创新绩效增进研究［J］．经济地理，2012，32（2）：106-110+132.

［68］张可云，王裕瑾，王婧．空间权重矩阵的设定方法研究［J］．区域经济评论，2017（1）：19-25.

［69］张钢，王宇峰．知识集聚与区域创新：一个对我国30个地区的实证研究［J］．科学学研究，2010，28（3）：449-458.

［70］张颖，郭梦娇．企业规模、市场结构与创新产出的关系研究：中国工业企业的实证分析［J］．工业技术经济，2016，35（7）：94-103.

［71］郑健壮．民营科技企业家特质与企业绩效相关性研究：基于浙江省3937家民营科技企业的调查［J］．中国流通经济，2004（3）：37-40.

［72］周万生．人力资本与区域创新能力研究［D］．成都：四川大学，2008.

［73］曾铖，李元旭．试论企业家精神驱动经济增长方式转变：基于我国省级面板数据的实证研究［J］．上海经济研究，2017（10）：81-94.

［74］朱平芳，项歌德，王永水．中国工业行业间R&D溢出效应研究［J］．经济研究，2016，51（11）：44-55.

［75］朱乾．区域企业家精神的影响因素及经济后果研究［D］．南京：东南大学，2016.

［76］赵娜，王博，刘燕．城市群、集聚效应与"投资潮涌"：基于中国20个城市群的实证研究［J］．中国工业经济，2017（11）：81-99.

［77］赵玉林，魏芳．高技术产业发展对经济增长带动作用的实证分析［J］．数量经济技术经济研究，2006，23（6）：44-54.

［78］赵向阳，李海，Andreas Rauch．创业活动的国家（地区）差异：文化与国家（地区）经济发展水平的交互作用［J］．管理世界，2012

(8): 78-90, 188.

[79] 赵向阳, 李海, 孙川. 中国区域文化地图: "大一统" 抑或 "多元化"? [J]. 管理世界, 2015 (2): 101-119, 187-188.

[80] 赵勇, 白永秀. 知识溢出: 一个文献综述 [J]. 经济研究, 2009, 44 (1): 144-156.

[81] 周黎安, 罗凯. 企业规模与创新: 来自中国省级水平的经验证据 [J]. 经济学 (季刊), 2005 (2): 623-638.

[82] 周锐波, 胡耀宗, 石思文. 要素集聚对我国城市技术进步的影响分析: 基于 OLS 模型与门槛模型的实证研究 [J]. 工业技术经济, 2020, 39 (2): 110-118.

[83] ACEMOGLU D. Reward structures and the allocation of talent [J]. European economic review, 1995, 39 (1): 17-33.

[84] ACS Z J, AUDRETSCH D B. Innovation and small firms [M]. Cambridge: MIT Press, 1990.

[85] ACS Z J. Small business economics: a global perspective [J]. Challenge, 1992, 35 (6): 38-44.

[86] ACS Z J, AUDRETSCH D B, FELDMAN M P. R&D spillovers and innovative activity [J]. Managerial and decision economics, 1994, 15 (2): 131-138.

[87] ACS Z J, BRAUNERHJELM P, AUDRETSCH D B, et al. The knowledge spillover theory of entrepreneurship [J]. Small business economics, 2009, 32 (1): 15-30.

[88] ACS Z J, AUDRETSCH D B. Handbook of entrepreneurship research: An interdisciplinary survey and introduction [M]. New York: Springer, 2005.

[89] AGARWAL R, ECHAMBADI R, FRANCO A M, et al. Knowledge transfer through inheritance: spin-out generation, development, and survival [J]. Academy of management journal, 2004, 47 (4): 501-522.

[90] AGRAWAL A. Innovation, growth theory and the role of knowledge

spillovers [J]. Innovation analysis bulletin, 2002, 4 (3): 3-6.

[91] ALLEN T, KATZ R, GRADY J J, et al. Project team aging and performance: the roles of project and functional managers [J]. R&D management, 1988, 18 (4): 295-308.

[92] ALMEIDA P, KOGUT B. Localization of knowledge and the mobility of engineers in regional networks [J]. Management science, 1999, 45 (7): 905-917.

[93] ALMEIDA P, KOGUT B. The exploration of technological diversity and geographic localization in innovation: start-up firms in the semiconductor industry [J]. Small business economics, 1997, 9 (1): 21-31.

[94] ALMEIDA P. Knowledge sourcing by foreign multinationals: patent citation analysis in the US semiconductor industry [J]. Strategic management journal, 1996, 17 (S2): 155-165.

[95] ALLEN T, KATZ R, GRADY J J, et al. Project team aging and performance: the roles of project and functional managers [J]. R&D management, 1988, 18 (4): 295-308.

[96] ANSELIN L, VARGA A, ACS Z. Entrepreneurship, geographic spillovers and university research: a spatial econometric approach [M]. Cambridge: ESRC Centre for Business Research, 1997.

[97] ANTONIETTI R, CAINELLI G. The role of spatial agglomeration in a structural model of innovation, productivity and export: a firm-level analysis [J]. The annals of regional science, 2011, 46 (3): 577-600.

[98] ARTHUR W B. Positive feedbacks in the economy [J]. Scientific American, 1990, 262 (2): 92-99.

[99] ASHEIM B T, COENEN L. Contextualising regional innovation systems in a globalising learning economy: on knowledge bases and institutional frameworks [J]. The journal of technology transfer, 2006, 31 (1): 163-173.

[100] ASHEIM B, GRILLITSCH M. Smart specialisation: sources for

new path development in a peripheral manufacturing region [R]. Lund: Lund university, circle - center for innovation, research and competences in the learning economy, 2015.

[101] AUDRETSCH D, THURIK R, VERHEUL I, et al. Entrepreneurship: determinants and policy in a European-US comparison [M]. Berlin: Springer, 2002.

[102] AUDRETSCH D B, FELDMAN M P. Innovative clusters and the industry life cycle [J]. Review of industrial organization, 1996, 11 (2): 253-273.

[103] AUDRETSCH D B, FRITSCH M. The geography of firm births in Germany [J]. Regional studies, 1994, 28 (4): 359-365.

[104] AUDRETSCH D B, FELDMAN M P. R&D spillovers and the geography of innovation and production [J]. The American economic review, 1996, 86 (3): 630-640.

[105] AUDRETSCH D B, FRITSCH M. Growth regimes over time and space [J]. Regional studies, 2002, 36 (2): 113-124.

[106] AUDRETSCH D B, FELDMAN M P. Knowledge spillovers and the geography of innovation [J]. Handbook of regional and urban economics, 2004 (4): 2713-2739.

[107] AUDRETSCH D B, LEHMANN E E. Does the knowledge spillover theory of entrepreneurship hold for regions? [J]. Research policy, 2005, 34 (8): 1191-1202.

[108] AUDRETSCH D B, KEILBACH M C, LEHMANN E E. Entrepreneurship and economic growth [M]. Oxford: Oxford University Press, 2006.

[109] AUDRETSCH D B, KEILBACH M. Resolving the knowledge paradox: knowledge - spillover entrepreneurship and economic growth [J]. Research policy, 2008, 37 (10): 1697-1705.

[110] BAIRD I S, LYLES M A, ORRIS J B. The choice of international

strategies by small businesses [J]. Journal of small business management, 1994, 32 (1): 48.

[111] BARTIK T J. Business location decisions in the United States: estimates of the effects of unionization, taxes and other characteristics of states [J]. Journal of business & economic statistics, 1985, 3 (1): 14-22.

[112] BALDWIN R E, OKUBO T. Heterogeneous firms, agglomeration and economic geography: spatial selection and sorting [J]. Journal of economic geography, 2006, 6 (3): 323-346.

[113] BAUMOL W J, SCHILLING M A. Entrepreneurship [M]. London: Palgrave MacMillan, 2008.

[114] BAZAN L, SCHMITZ H. Social capital and export growth: an industrial community in southern Brazil [M]. Brighton: Institute of Development Studies, 1997.

[115] BERCOVITZ J, MITCHELL W. When is more better? The impact of business scale and scope on long-term business survival, while controlling for profitability [J]. Strategic management journal, 2007, 28 (1): 61-79.

[116] BEUGELSDIJK S, NOORDERHAVEN N. Entrepreneurial attitude and economic growth: a cross-section of 54 regions [J]. The annals of regional science, 2004, 38 (2): 199-218.

[117] BETTENCOURT L M A, LOBO J, HELBING D, et al. Growth, innovation, scaling, and the pace of life in cities [J]. Proceedings of the national academy of sciences, 2007, 104 (17): 7301-7306.

[118] BOSCHMA R, IAMMARINO S. Related variety, trade linkages, and regional growth in Italy [J]. Economic geography, 2009, 85 (3): 289-311.

[119] BOSSONE M B. Should banks be narrowed? [M]. Washington: International Monetary Fund, 2001.

[120] BOTTAZZI L, RIN D M. Venture capital in Europe and the

financing of innovative companies [J]. Economic policy, 2002, 17 (34): 229-270.

[121] BRANSTETTER L G. Are knowledge spillovers international or intranational in scope?: microeconometric evidence from the US and Japan [J]. Journal of international economics, 2001, 53 (1): 53-79.

[122] BRESCHI S, LISSONI F. Knowledge spillovers and local innovation systems: a critical survey [J]. Industrial and corporate change, 2001, 10 (4): 975-1005.

[123] BRESNAHAN T F. Empirical studies of industries with market power [J]. Handbook of industrial organization, 1989 (2): 1011-1057.

[124] BROCK W A, EVANS D S. Small business economics [J]. Small business economics, 1989, 1 (1): 7-20.

[125] BRACZYK H J, PHILIP N C, MARTIN H. Regional innovation systems: the role of governances in a globalized world [M]. Vermont: Psychology Press, 1998.

[126] BUNNELL T G, COE N M. Spaces and scales of innovation [J]. Progress in human geography, 2001, 25 (4): 569-589.

[127] BUZARD K, CARLINO G A, HUNT R M, et al. The agglomeration of American R&D labs [J]. Journal of urban economics, 2017 (101): 14-26.

[128] BUZARD K, CARLINO G. The geography of research and development activity in the US [J]. Handbook of industry studies and economic geography, 2013 (1): 389-410.

[129] CANIËLS M C J. Knowledge spillovers and economic growth: regional growth differentials across Europe [M]. Cheltenham: Edward Elgar Publishing, 2000.

[130] CANTILLON R. Essay on the nature of general commerce [M]. London: MacMillan, 1755.

[131] CAPELLO R. Entrepreneurship and spatial externalities: theory and measurement [J]. The annals of regional science, 2002, 36 (3): 387-402.

[132] CARLTON D W. The location and employment choices of new firms: an econometric model with discrete and continuous endogenous variables [J]. The review of economics and statistics, 1983, 65 (3): 440-449.

[133] CHARLOT S, DURANTON G. Communication externalities in cities [J]. Journal of urban economics, 2004, 56 (3): 581-613.

[134] CHATTERJI A K. Spawned with a silver spoon? entrepreneurial performance and innovation in the medical device industry [J]. Strategic management journal, 2009, 30 (2): 185-206.

[135] CHESBROUGH H W. Open innovation: the new imperative for creating and profiting from technology [M]. Cambridge: Harvard Business Press, 2003.

[136] CHINITZ B. Contrasts in agglomeration: New York and Pittsburgh [J]. The American economic review, 1961, 51 (2): 279-289.

[137] CHUA J H, CHRISMAN J J, SHARMA P. Defining the family business by behavior [J]. Entrepreneurship theory and practice, 1999, 23 (4): 19-39.

[138] CHATTERJI A, GLAESER E, KERR W. Clusters of entrepreneurship and innovation [J]. Innovation policy and the economy, 2014, 14 (1): 129-166.

[139] CICCONE A, HALL R E. Productivity and the density of economic activity [J]. The American economic review, 1996, 86 (1): 54-70.

[140] COHEN W M, LEVINTHAL D A. Absorptive capacity: a new perspective on learning and innovation [J]. Administrative science quarterly, 1990, 35 (1): 128-152.

[141] COOK S D N, BROWN J S. Bridging epistemologies: the generative dance between organizational knowledge and organizational knowing [J]. Organization science, 1999, 10 (4): 381-400.

[142] COOKE P, URANGA M G, ETXEBARRIA G. Regional innovation systems: institutional and organisational dimensions [J]. Research policy, 1997, 26 (4-5): 475-491.

[143] COOKE P, URANGA M G, ETXEBARRIA G. Regional systems of innovation: an evolutionary perspective [J]. Environment and planning, 1998, 30 (9): 1563-1584.

[144] COOKE P. Regional innovation systems, clusters, and the knowledge economy [J]. Industrial and corporate change, 2001, 10 (4): 945-974.

[145] DAHL M S, SORENSON O. Home sweet home: entrepreneurs' location choices and the performance of their ventures [J]. Management science, 2012, 58 (6): 1059-1071.

[146] DAHLSTRAND Å L. Technology-based entrepreneurship and regional development: the case of Sweden [J]. European business review, 2007, 19 (5): 373-386.

[147] DELGADO M, PORTER M E, STERN S. Clusters and entrepreneurship [J]. Journal of economic geography, 2010, 10 (4): 495-518.

[148] DEMSETZ H. Entrepreneurship [M]. Lexington, MA: Lexigton Books, 1983: 271-280.

[149] DRUCKER P F. Entrepreneurial strategies [J]. California management review, 1985, 27 (2).

[150] DURANTON G, PUGA D. Micro-foundations of urban agglomeration economies [J]. Handbook of regional and urban economics, Elsevier, 2004 (4): 2063-2117.

[151] DURANTON G, KERR W R. The logic of agglomeration [R]. Lexigton: National Bureau of Economic Research, 2015.

[152] DORFMAN P, JAVIDAN M, HANGES P, et al. Globe: a twenty year journey into the intriguing world of culture and leadership [J]. Journal of world business, 2012, 47 (4): 504-518.

[153] EDQUIST C, HOMMEN L. Government technology procurement and innovation theory [R]. Massachusetts: Innovation Systems and European Integration Research Project Report, 1998.

[154] ELLERMAN D. How do we grow?: Jane Jacobs on diversification and specialization [J]. Challenge, 2005, 48 (3): 50-83.

[155] ELLISON G, GLAESER E L. The geographic concentration of industry: does natural advantage explain agglomeration? [J]. The American economic review, 1999, 89 (2): 311-316.

[156] ENRIGHT M J, FFOWCS W I. Local partnerships, clusters and SME globalization [J]. Enhancing SME competitiveness, 2002 (6): 115-150.

[157] FELDMAN M P, AUDRETSCH D B. Innovation in cities: science-based diversity, specialization and localized competition [J]. European economic review, 1999, 43 (2): 409-429.

[158] FELDMAN M P. The geography of innovation [M]. Berlin: Springer, 1994.

[159] FELDMAN M P. The new economics of innovation, spillovers and agglomeration: a review of empirical studies [J]. Economics of innovation and new technology, 1999, 8 (1-2): 5-25.

[160] FLEMING L, FRENKEN K. The evolution of inventor networks in the Silicon Valley and Boston regions [J]. Advances in complex systems, 2007, 10 (1): 53-71.

[161] FOSS N J. Coase vs Hayek: economic organization and the knowledge economy [J]. International journal of the economics of business, 2002, 9 (1): 9-35.

[162] FRENKEN K, BOSCHMA R A. A theoretical framework for evolutionary economic geography: industrial dynamics and urban growth as a branching process [J]. Journal of economic geography, 2007, 7 (5): 635-649.

[163] FRITSCH M, STOREY D J. Entrepreneurship in a regional context: historical roots, recent developments and future challenges [J]. Regional studies, 2014, 48 (6): 939-954.

[164] FRANK H, Knight Hart, Schaffner & Marx [M]. Boston: The Riverside Press, 1921.

[165] GARTNER W B. A conceptual framework for describing the phenomenon of new venture creation [J]. Academy of management review, 1985, 10 (4): 696-706.

[166] GARTNER W B. Some suggestions for research on entrepreneurial traits and characteristics [J]. Entrepreneurship theory and practice, 1989, 14 (1): 27-38.

[167] GASSLER H, NONES B. Internationalization of R&D and embeddedness: the case of Austria [J]. The journal of technology transfer, 2008, 33 (4): 407-421.

[168] GEDDES P. Cities in evolution: an introduction to the town planning movement and to the study of civics [M]. London: Williams, 1915.

[169] GENNAIOLI N, SHLEIFER A, VISHNY R. Neglected risks, financial innovation, and financial fragility [J]. Journal of financial economics, 2012, 104 (3): 452-468.

[170] GERLACH H, RONDE T, STAHL K. Labor pooling in R&D intensive industries [J]. Journal of urban economics, 2009, 65 (1): 99-111.

[171] GEROSKI P A. Do spillovers undermine the incentive to innovate [J]. Economic approaches to innovation, 1995 (76): 93.

[172] GERTLER M S. Tacit knowledge and the economic geography of context, or the undefinable tacitness of being (there) [J]. Journal of economic geography, 2003, 3 (1): 75-99.

[173] GERTLER M S, VINODRAI T. Learning from America? Knowledge flows and industrial practices of German firms in North America [J]. Economic

geography, 2005, 81 (1): 31-52.

[174] GETIS A, ORD J K. The analysis of spatial association by use of distance statistics [M] //Perspectives on spatial data analysis. Berlin: Springer, 2010: 127-145.

[175] GLAESER E L. Entrepreneurship and the city [R]. Massachusetts: National Bureau of Economic Research, 2007.

[176] GLAESER E L, KALLAL H D, SCHEINKMAN J A, et al. Growth in cities [J]. Journal of political economy, 1992, 100 (6): 1126-1152.

[177] GLAESER E L, KERR W R, PONZETTO G A M. Clusters of entrepreneurship [J]. Journal of urban economics, 2010, 67 (1): 150-168.

[178] GOETZ S J, FRESHWATER D. State-level determinants of entrepreneurship and a preliminary measure of entrepreneurial climate [J]. Economic development quarterly, 2001, 15 (1): 58-70.

[179] GOMPERS P A, LERNER J. Risk and reward in private equity investments: the challenge of performance assessment [J]. The Journal of private equity, 1997, 1 (2): 5-12.

[180] GRANOVETTER M. Economic action and social structure: the problem of embeddedness [J]. American journal of sociology, 1985, 91 (3): 481-510.

[181] GREENSTEIN S. Economic experiments and neutrality in Internet access [J]. Innovation policy and the economy, 2007 (8): 59-109.

[182] GRILICHES Z. Issues in assessing the contribution of research and development to productivity growth [J]. Bell journal of economics, 1979, 10 (1): 92-116.

[183] GULATI R. Network location and learning: the influence of network resources and firm capabilities on alliance formation [J]. Strategic management journal, 1999, 20 (5): 397-420.

［184］GUSTAVE L B. The crowd：a study of the popular mind［M］. New York：The Macmillan Co. , 1895.

［185］HALL B H, LERNER J. The financing of R&D and innovation［M］//Handbook of the economics of innovation［J］. Amsterdam：north-Holland, 2010（1）：609-639.

［186］HAYEK F A. The use of knowledge in society［J］. The American economic review, 1945, 35（4）：519-530.

［187］HAYEK F A. The meaning of competition［M］. Chicago：University of Chicago Press, 1948.

［188］HELLMANN T, PURI M. The interaction between product market and financing strategy：the role of venture capital［J］. The review of financial studies, 2000, 13（4）：959-984.

［189］HICKS D, BREITZMAN T, OLIVASTRO D, et al. The changing composition of innovative activity in the US—a portrait based on patent analysis［J］. Research policy, 2001, 30（4）：681-703.

［190］HISRICH R D, PETERS M P. Entrepreneurship：starting［M］. New York：McGraw-Hill, 1989.

［191］HOLCOMBE R G. Entrepreneurship and economic growth［J］. Quarterly journal of Austrian economics, 1998, 1（2）：45-62.

［192］HOEN A. Clusters：determinants and effects［R］. Den Haag：CPB Netherlands Bureau for Economic Policy Analysis, 2001.

［193］HOOVER E M, GIARRATANI F. An introduction to regional economics［M］. New York：Alfred a Knopf, Inc, 1971.

［194］HUMPHREY J, SCHMITZ H. Trust and inter-firm relations in developing and transition economies［J］. The journal of development studies, 1998, 34（4）：32-61.

［195］HENDERSON V, KUNCORO A, TURNER M. Industrial development in cities［J］. Journal of political economy, 1995, 103（5）：1067-1090.

[196] ISAKSEN A. Regionalisation and regional clusters as development strategies in a global economy [R]. Califorma: STEP Report Series, 1998.

[197] JAFFE A B, TRAJTENBERG M, FOGARTY M S. Knowledge spillovers and patent citations: evidence from a survey of inventors [J]. The American economic review, 2000, 90 (2): 215-218.

[198] JAFFE A B, TRAJTENBERG M, HENDERSON R. Geographic localization of knowledge spillovers as evidenced by patent citations [J]. The quarterly journal of economics, 1993, 108 (3): 577-598.

[199] JAFFE A B. Real effects of academic research [J]. The American economic review, 1989, 79 (5): 957-970.

[200] JANE J. Economy of cities [M]. London: Vintage, 1969.

[201] JACOBS J. Cities and the wealth of nations: principles of economic life [M]. London: Vintage, 1985.

[202] JAUMOTTE F, LALL S, PAPAGEORGIOU C. Rising income inequality: technology, or trade and financial globalization? [J]. IMF economic review, 2013, 61 (2): 271-309.

[203] KAHN R E. The role of government in the evolution of the internet [J]. Communications of the ACM, 1994, 37 (8): 15-19.

[204] KELEJIAN H, ROBINSON D P. Spatial correlation: a suggested alternative to the autoregressive model [M] //New directions in spatial econometrics. Berlin: Springer, 1995: 75-95.

[205] KIRZNER I M. Entrepreneurship and competition [M]. Chicago: The University of Chicago Press, 1973.

[206] KIRZNER I M. Entrepreneurial discovery and the competitive market process: an Austrian approach [J]. Journal of economic literature, 1997, 35 (1): 60-85.

[207] KLEPPER S. The origin and growth of industry clusters: the making of Silicon Valley and Detroit [J]. Journal of urban economics, 2010, 67 (1):

15-32.

[208] KOBERG C S, UHLENBRUCK N, SARASON Y. Facilitators of organizational innovation: the role of life-cycle stage [J]. Journal of business venturing, 1996, 11 (2): 133-149.

[209] KRATKE S. Regional integration or fragmentation? The German polish border region in a new Europe [J]. Regional studies, 1999, 33 (7): 631-641.

[210] KRUGMAN P R. Geography and trade [M]. Cambridge: MIT Press, 1991.

[211] KRUGMAN P R. On the relationship between trade theory and location theory [J]. Review of international economics, 1993, 1 (2): 110-122.

[212] KRUGMAN P. Increasing returns and economic geography [J]. Journal of political economy, 1991, 99 (3): 483-499.

[213] KRUGMAN P. Space: the final frontier [J]. Journal of economic perspectives, 1998, 12 (2): 161-174.

[214] KUZNETS S. Inventive activity: Problems of definition and measurement [M] //The rate and direction of inventive activity: economic and social factors. Princeton: Princeton University Press, 1962: 19-52.

[215] KOTKIN J. The next hundred million: America in 2050 [M]. London: Penguin, 2010.

[216] KUCHIKI A. The automobile industry cluster in Malaysia [M]. London: Palgrave MacMillan, 2010: 15-49.

[217] LAZEAR E P. Leaders and entrepreneurs: where they produce the most value [C]. Allied social science associations annual general meeting, Philadelphia, 2005.

[218] LEYTON B K, SHOHAM Y. Essentials of game theory: A concise multidisciplinary introduction [J]. Synthesis lectures on artificial intelligence

and machine learning, 2008, 2 (1): 1-88.

[219] LUCAS J R E. On the mechanics of economic development [J]. Journal of monetary economics, 1988, 22 (1): 3-42.

[220] LUNDVALL B A. National innovation systems—analytical concept and development tool [J]. Industry and innovation, 2007, 14 (1): 95-119.

[221] LUNDVALL B A, MASKELL P. Nation state and economic development. The Oxford handbook of economic geography [M]. Oxford: Oxford University Press, 2000.

[222] LUNDQUIST K J, TRIPPL M. Distance, proximity and types of cross-border innovation systems: a conceptual analysis [J]. Regional studies, 2013, 47 (3): 450-460.

[223] LEIBENSTEIN H. On the basic proposition of X-efficiency theory [J]. The American economic review, 1978, 68 (2): 328-332.

[224] MALECKI E J. Entrepreneurship in regional and local development [J]. International regional science review, 1993, 16 (1-2): 119-153.

[225] MALMBERG A, MASKELL P. Towards an explanation of regional specialization and industry agglomeration [J]. European planning studies, 1997, 5 (1): 25-41.

[226] MARSHALL A, MARSHALL M P. The economics of industry [M]. London: MacMillan and Company, 1920.

[227] MARSHALL A. Principles of economics [M]. London: Macmillan, 1890.

[228] MARTIN R, SUNLEY P. Paul Krugman's geographical economics and its implications for regional development theory: a critical assessment [J]. Economic geography, 1996, 72 (3): 259-292.

[229] MARTIN R, SUNLEY P. Deconstructing clusters: chaotic concept or policy panacea? [J]. Journal of economic geography, 2003, 3 (1): 5-35.

[230] MARTIN R. Geography and public policy: the case of the missing

agenda [J]. Progress in human geography, 2001, 25 (2): 189-210.

[231] MASKELL P. Towards a knowledge-based theory of the geographical cluster [J]. Industrial and corporate change, 2001, 10 (4): 921-943.

[232] MAURSETH P B, VERSPAGEN B. Knowledge spillovers in Europe: a patent citations analysis [J]. Scandinavian journal of economics, 2002, 104 (4): 531-545.

[233] MORADI M A. Entrepreneurship capital, output and growth in Iran's manufacturing industries [C]. Paper presented at the international conference on economic modeling, 2011.

[234] MORENO R, PACI R, USAI S. Geographical and sectoral clusters of innovation in Europe [J]. The annals of regional science, 2005, 39 (4): 715-739.

[235] MURPHY K M, SHLEIFER A, VISHNY R W. The allocation of talent: implications for growth [J]. The quarterly journal of economics, 1991, 106 (2): 503-530.

[236] NASIEROWSKI W, ARCELUS F J. On the efficiency of national innovation systems [J]. Socio-economic planning sciences, 2003, 37 (3): 215-234.

[237] NELSON R R. National systems of innovation: a comparative study [M]. New York: Oxford University Press, 1993.

[238] NELSON B. The real definition of entrepreneur and why it matters [J/OL]. Forbes online journal, 2012. https://www.forbes.com/sites/%20brettnelson/%202012/%202006/%202005/%20the-real-definition-of-entrepreneur-and-why-it-matters/.

[239] NOOTEBOOM B. Learning and innovation in organizations and economies [M]. Oxford: Oxford University Press, 2000.

[240] NICHOLS S P, ARMSTRONG N E. Engineering entrepreneurship: does entrepreneurship have a role in engineering education? [J]. IEEE antennas

and propagation magazine, 2003, 45 (1): 134-138.

[241] OECD. The innovation imperative: contributing to productivity, Growth and well-being [M]. Paris: OECD Publishing, 2015.

[242] OKADA Y. Competition and productivity in Japanese manufacturing industries [J]. Journal of the Japanese and international economies, 2005, 19 (4): 586-616.

[243] OTTAVIANO G I P, PINELLI D. Market potential and productivity: evidence from Finnish regions [J]. Regional science and urban economics, 2006, 36 (5): 636-657.

[244] PARROTTA P, POZZOLI D, PYTLIKOVA M. The nexus between labor diversity and firm's innovation [J]. Journal of population economics, 2014, 27 (2): 303-364.

[245] PAPAGEORGIOU T. Worker sorting and agglomeration economies [D]. Pennsylrania: Penn State University, 2013.

[246] PENEDER M. Technological regimes and the variety of innovation behaviour: creating integrated taxonomies of firms and sectors [J]. Research policy, 2010, 39 (3): 323-334.

[247] POLANYI K, MACIVER R M. The great transformation [M]. Boston: Beacon Press, 1944.

[248] PORTER M E. Competitive advantage, agglomeration economies, and regional policy [J]. International regional science review, 1996, 19 (1-2): 85-90.

[249] PORTER M E. Location, competition, and economic development: local clusters in a global economy [J]. Economic development quarterly, 2000, 14 (1): 15-34.

[250] PORTER M E. The competitive advantage of nations [J]. Harvard business review, 1990, 68 (2): 73-93.

[251] REYNOLDS P D, HAY M, CAMP S M. Global entrepreneurship

monitor [R]. Kansas City, MO: Kauffman Center for Entrepreneurial Leadership, 1999.

[252] REYNOLDS P, STOREY D J, WESTHEAD P. Cross-national comparisons of the variation in new firm formation rates [J]. Regional studies, 1994, 28 (4): 443-456.

[253] ROGERS J D, KINGSLEY G. Denying public value: the role of the public sector in accounts of the development of the internet [J]. Journal of public administration research and theory, 2004, 14 (3): 371-393.

[254] ROMER P M. Endogenous technological change [J]. Journal of political economy, 1990, 98 (5): 71-102.

[255] ROSENTHAL S S, STRANGE W C. The attenuation of human capital spillovers [J]. Journal of urban economics, 2008, 64 (2): 373-389.

[256] SAGE L J, PACE R. The biggest myth in spatial econometrics [J]. Econometrics, 2014, 2 (4): 217-249.

[257] SAMILA S, SORENSON O. Venture capital, entrepreneurship, and economic growth [J]. The review of economics and statistics, 2011, 93 (1): 338-349.

[258] SAXENIAN A. Regional advantage: culture and competition in Silicon Valley and route 128 [M]. Cambridge: Harvard University Press, 1994.

[259] SALTER A J, MARTIN B R. The economic benefits of publicly funded basic research: a critical review [J]. Research policy, 2001, 30 (3): 509-532.

[260] SCHERER F M. Innovation and growth: Schumpeterian perspectives [M]. Cambridge: MIT Press Books, 1986.

[261] SCHMUTZLER A. The new economic geography [J]. Journal of economic surveys, 1999, 13 (4): 355-379.

[262] SCHUMPETER J A. The theory of economic development [M]. Boston MA: Harvard University Press, 1934.

[263] SCHUMPETER J A. The theory of economic development: an inquiry into profits, capital, credit, interest, and the business cycle [M]. Cambridge: Harvard University Press, 1912.

[264] SCOTT A J. Creative Cities: conceptual issues and policy questions [J]. Journal of urban affairs, 2006, 28 (1): 1-17.

[265] SEGAL D. Are there returns to scale in city size [J]. The review of economics and statistics, 1976, 58 (3): 339-350.

[266] SHAND R, BHIDE S. Sources of economic growth: regional dimensions of reforms [J]. Economic and political weekly, 2000, 23 (S1): 221-237.

[267] SHANE S, VENKATARAMAN S. The promise of entrepreneurship as a field of research [J]. Academy of management review, 2000, 25 (1): 217-226.

[268] SOLOW R M. Technical change and the aggregate production function [J]. The review of economics and statistics, 1957, 39 (3): 312-320.

[269] SONG J, ALMEIDAP, WU G. Learning-by-hiring: when is mobility more likely to facilitate interfirm knowledge transfer? [J]. Management science, 2003, 49 (4): 351-365.

[270] SONN J W, STORPER M. The increasing importance of geographical proximity in knowledge production: an analysis of US patent citations, 1975-1997 [J]. Environment and planning A, 2008, 40 (5): 1020-1039.

[271] SORENSON O, AUDIA P G. The social structure of entrepreneurial activity: geographic concentration of footwear production in the United States, 1940-1989 [J]. American journal of sociology, 2000, 106 (2): 424-462.

[272] STEVENSON H H, JARILLO J C. A paradigm of entrepreneurship: entrepreneurial management [J]. Strategic management journal, 1990 (11):

17-27.

[273] STUART T, SORENSON O. The geography of opportunity: spatial heterogeneity in founding rates and the performance of biotechnology firms [J]. Research policy, 2003, 32 (2): 229-253.

[274] TABUCHI T. Urban agglomeration economies in a linear city [J]. Regional science and urban economics, 1986, 16 (3): 421-436.

[275] THOMPSON P, KEAN F M. Patent citations and the geography of knowledge spillovers: a reassessment [J]. The American economic review, 2005, 95 (1): 450-460.

[276] TIMMONS J A. New venture creation [M]. Singapore: McGraw-Hill, 1985.

[277] TEDTLING F, TRIPPL M. One size fits all? Towards a differentiated regional innovation policy approach [J]. Research policy, 2005, 34 (8): 1203-1219.

[278] TRIPPL M. Scientific mobility and knowledge transfer at the interregional and intraregional level [J]. Regional studies, 2013, 47 (10): 1653-1667.

[279] HAYEK F A. Economics and knowledge [J]. Economica, 1937, 4 (13): 33-54.

[280] PRAAG C M V, VERSLOOT P H. What is the value of entrepreneurship? A review of recent research [J]. Small business economics, 2007, 29 (4): 351-382.

[281] VENKATARAMAN S. Regional transformation through technological entrepreneurship [J]. Journal of business venturing, 2004, 19 (1): 153-167.

[282] PANNE G. Agglomeration externalities: Marshall versus Jacobs [J]. Journal of evolutionary economics, 2004, 14 (5): 593-604.

[283] WENNEKERS S, THURIK R. Linking entrepreneurship and economic growth [J]. Small business economics, 1999, 13 (1): 27-56.

[284] WEBER A. Theory of industrial location [M]. Chicago: University of Chicago Press, 1909.

[285] WILLIAM. Handbook of entrepreneurial dynamics: the process of business creation [M]. London: Sage, 2004.

[286] XIE P, ZOU C, LIU H. Internet finance in China: introduction and practical approaches [M]. London: Routledge, 2015.

[287] YU T F L. Entrepreneurship and economic development in Hong Kong [M]. London: Routledge, 1997.

[288] ZUCKER L G, DARBY M R, ARMSTRONG J. Geographically localized knowledge: spillovers or markets [J]. Economic inquiry, 1998, 36 (1): 65-86.